L'ABBÉ FOLLIOLEY

SA VIE ET SON ŒUVRE

(1836-1902)

PAR

AUGUSTE SALLES

ANCIEN ÉLÈVE DE L'ÉCOLE NORMALE SUPÉRIEURE
PROFESSEUR AU LYCÉE JANSON-DE-SAILLY
LAURÉAT DE L'ACADÉMIE FRANÇAISE

Dicendi, docendi, ducendi peritissimus.

NIORT
L. CLOUZOT, LIBRAIRE-ÉDITEUR
22, RUE VICTOR HUGO, 22

1904

L'ABBÉ FOLLIOLEY

(1836-1902)

IL A ÉTÉ TIRÉ DE CET OUVRAGE

30 exemplaires sur papier vergé à la cuve.
550 exemplaires sur papier mécanique.

FOLLIOLEY
LESNEVEN
CAEN
NANTES 1890-98
DOCENDI DICENDI DVCENDI

L'ABBÉ FOLLIOLEY

SA VIE ET SON ŒUVRE

(1836-1902)

PAR

AUGUSTE SALLES

ANCIEN ÉLÈVE DE L'ÉCOLE NORMALE SUPÉRIEURE
PROFESSEUR AU LYCÉE JANSON-DE-SAILLY
LAURÉAT DE L'ACADÉMIE FRANÇAISE

Dicendi, docendi, ducendi peritissimus.

NIORT
L. CLOUZOT, LIBRAIRE-ÉDITEUR
22, RUE VICTOR HUGO, 22

1904

AVANT-PROPOS

L'abbé Follioley, successivement professeur au petit séminaire d'Arras et au collège ecclésiastique de Marcq-en-Barœul, principal des collèges universitaires de Saint-Claude et de Lesneven, proviseur des lycées de Laval, Caen et Nantes, est mort à Douai le 28 Octobre 1902. Avec lui a disparu le cent-huitième et dernier proviseur prêtre des lycées de France, et sans contredit l'une des plus originales et des plus grandes figures de l'histoire universitaire en ces quarante dernières années.

Il était de ceux auxquels une vie toute de labeur et de dévouement, une suite ininterrompue de services publics eût mérité la pompe des funérailles officielles et le deuil de toute une ville reconnaissante. Il s'est éteint dans la retraite, loin du théâtre de ses succès, comme un de ces hommes de guerre maintes fois victorieux à qui il ne fut point donné de tomber sur les champs de bataille. La presse, sauf quelques exceptions, ne lui a guère consacré que l'article banal qu'elle daigne accorder aux disparus de province. Nulle voix amie ne fut admise à dire l'adieu suprême à celui qui avait été un proviseur modèle, idéal, au dire de quelques-uns, « le proviseur », comme se plaisait à l'appeler la déférente affection de ses élèves. Il allait disparaître tout entier...

Quelques-uns de ceux qui l'ont le mieux connu et qu'il a le plus aimés, mûs par un même sentiment de pieuse reconnaissance, se sont unis pour retarder d'autant l'oubli qui s'attache vite aux hommes d'action et honorer la mémoire de l'administrateur hors de pair et de l'éminent ami qu'ils ont perdu en l'abbé Follioley. Ils ont organisé une souscription publique (1), recueilli près de trois cent cinquante adhésions, et fait exécuter par un artiste de race, M. Corneille Theunissen, le buste et le médaillon du regretté proviseur, pour être placés dans les maisons d'éducation qu'il dirigea avec une maîtrise sans égale (2).

Grâce à la libéralité de son ami le plus cher et de son fils d'adoption, M. Louis Thulliez, conseiller à la Cour d'appel de Douai, ils ont pu faire quelque chose de plus, qui était de publier, en un In memoriam *qui reste, la biographie de l'abbé Follioley. Je me suis chargé de l'écrire. Comme il était de ceux envers*

(1) Il n'est que juste de rappeler que l'initiative de cette commémoration a été prise en une réunion de l'Association parisienne des Anciens élèves du lycée de Laval.

(2) Un buste en bronze a été inauguré au lycée de Nantes le 29 juillet dernier, et un médaillon le même jour au collège de Lesneven. Les autres inaugurations suivront en cours d'année à Laval, à Caen et au cimetière d'Arras.

lesquels on ne se sent jamais quitte, j'ai tenu à lui donner ce dernier gage de ma fidèle affection. J'ai été son élève pendant sept ans, et trois ans son collaborateur. Il m'a aidé de ses conseils et honoré de son amitié. Je n'ai eu qu'à me souvenir pour le louer dignement. En feuilletant la volumineuse correspondance de ses supérieurs et de ses intimes, j'ai pu pénétrer plus avant dans la connaissance d'un chef qui ne livrait pas tous ses secrets et d'un ami qui ne prodiguait pas ses confidences. Avec une bonne grâce dont je ne saurais trop le remercier, M. Rabier, Directeur de l'Enseignement secondaire, juge si informé des hautes qualités de l'abbé Follioley, a bien voulu m'autoriser à puiser dans le dossier officiel les témoignages répétés de l'estime particulière en laquelle le tenaient tous ses chefs. D'autres documents me sont venus de ses collaborateurs et d'autres sources, et il en est quelques-uns dont mes lecteurs ne manqueront pas de goûter la piquante saveur. Je n'ai eu souvent qu'à laisser parler ces témoins de sa vie. Je me suis volontiers abrité derrière l'autorité de leurs jugements. C'est à eux que je dois le meilleur de ce qu'on trouvera en ce livre, qui ne paraîtra un panégyrique qu'à ceux qui n'ont pas su ce qu'il y avait de vraiment grand dans l'homme et d'admirable en son œuvre.

A. Salles.

PREMIÈRE PARTIE

I

LES PREMIÈRES ANNÉES

(1836-1854)

Léopold-Joseph-Humbert Follioley naquit le 17 février 1836 à Colmar (Haut-Rhin), où son père tenait alors garnison. En tant qu'Alsacien, de circonstance il est vrai, il opta pour la France après la guerre de 1870-71. Il n'oublia jamais sa première patrie, et aima toujours qu'on le comptât parmi les fils des provinces perdues.

Sa famille était originaire du Briançonnais. Son grand'père était notaire. Son père, né en 1787, fut un de ces soldats improvisés que Napoléon enrôlait tout jeunes, encore imberbes, pour combler les vides de ses armées et qui firent à sa suite leur tour d'Europe. On le trouve sous-officier au siège de Dantzig (1813). Officier de fortune, il eût pu, comme tant d'autres, s'en aller en Afrique, et y pousser plus loin sa carrière militaire. De gré ou de force, il resta en France, où nous le trouvons capitaine-trésorier à Toulon et à Perpignan, capitaine de recrutement à Colmar et à Avignon. Il prend sa retraite à Avignon en 1841 à cinquante-quatre ans, et va habiter Grenoble. Il était chevalier de la Légion d'honneur (1). Nous savions de reste que l'abbé Follioley était fils de soldat. Il ne le laissait point oublier. Cela d'ailleurs se devinait, se voyait en ses propos, en ses actes, et jusqu'en ses vivacités. Il avait du soldat la fermeté du verbe, l'esprit de décision, un souci constant des choses militaires, une conception très haute de l'armée et de sa mission. En cet homme de bureau il y avait l'étoffe d'un cocardier.

Son grand'père maternel avait été directeur des postes. Sa mère — Mélanie Alliey — appartenait à une famille, fort nombreuse, de petits propriétaires terriens, et tenait aux Chabas, dont l'un fut un égyptologue célèbre. Pieuse et douce, elle eut pour les impétuosités de son fils une indulgence qui n'apparaît point dans ce qu'on sait du père (2).

Léopold Follioley entra en 1845 comme externe au lycée de Grenoble. Il y eut pour camarades

(1) Son père, Joseph Humbert Follioley, est capitaine-trésorier au 7e léger à Toulon (1825), où son colonel loue fort sa capacité et son zèle, capitaine-trésorier au 17e de ligne à Perpignan (1832), capitaine attaché au dépôt de recrutement du Haut-Rhin à Colmar (1835), capitaine de recrutement du département de Vaucluse à Avignon (1839). Il prend sa retraite en 1841, et mourut à Grenoble le 14 octobre 1853.

(2) L'abbé Follioley avait une sœur plus âgée que lui, Emma, qui épousa en premières noces un de ses cousins, Aymé Chabas, et en secondes noces M. Ferrus, ancien proviseur du lycée de Périgueux. Elle est décédée aux environs de 1892. L'abbé Follioley n'a laissé que des parents éloignés.

Bovier-Lapierre, mort il y a quelques années député de l'Isère, et le colonel Raffin, qu'il retrouva en 1890 à Nantes chef d'état-major du 11e Corps d'armée, et qui a pris sa retraite en 1893. Il fut bon élève sous un professeur de sixième médiocre... et trop ami de la méthode directe, qui aux exemples de Lhomond joignait, paraît-il, les coups de pied, un émule du *plagosus Orbilius* d'Horace. Il eut six prix en cinquième, où on lui reprochait pourtant d'être étourdi. C'est un défaut auquel il dut renoncer de bonne heure. Peut-être faut-il placer à cette date l'anecdote qu'il se plaisait tant à conter de son départ manqué pour La Flèche. Tout était prêt ; les adieux faits, le baluchon solidement empaqueté, la place retenue à la diligence. Les larmes maternelles furent les plus fortes, et Léopold resta auprès des siens. Après une fugue de deux ans au petit séminaire du Rondeau, il revint au lycée.

On devine qu'il y eut quelques histoires, des amitiés jugées compromettantes, et une indépendance d'écolier qui s'accordait mal avec les exigences d'un père ancien soldat. Je n'ai pu retrouver, les archives du lycée ayant disparu, la trace de ses succès scolaires, — il eut le prix de discours français en rhétorique, — mais nous savons, par ses lettres de jeunesse et ses confidences, l'influence décisive qu'eurent sur son avenir ses premiers maîtres de Grenoble. A cinquante ans de distance, l'abbé Follioley parlait encore avec une émotion toute juvénile et une affectueuse reconnaissance, de son professeur de quatrième, Tranchau (1), d'Eugène Véron (2), le futur directeur de la *Vie Parisienne*, de Révillout (3), le professeur d'histoire, d'Emile Burnouf (4), le professeur de philosophie, frais émoulu de l'école d'Athènes, « des maîtres en tous genres, dit un de leurs anciens élèves, auxquels rien n'était étranger », sans oublier son proviseur Brouzès, « qui avait coutume, à la fin de la journée, de venir en étude converser familièrement avec les élèves, et qui leur parlait d'une façon si douce et si pénétrante qu'aucun ne résistait à ses conseils » (5). Ces influences de la quinzième et de la seizième année s'imprimèrent profondément en son âme. Nul doute qu'après les premiers tâtonnements et soubresauts d'un esprit qui chercha longtemps sa voie elles n'aient, par le plus subtil des charmes, doucement attiré le jeune écolier de Grenoble vers l'Université. « J'étais alors, a-t-il écrit depuis à l'un de ses chefs, ce que je suis resté toujours, fermement attaché aux croyances religieuses de ma famille, et pénétré d'admiration pour mes professeurs Universitaires. » L'admiration ! le mot y est. C'est celui d'un initié.

Le voici bachelier en juillet 1852, avec la mention

(1) Mort proviseur du lycée d'Orléans (1896).

(2) Mort en 1889. Il publia sur l'*Histoire de la littérature française* de son ancien élève un article élogieux.

(3) Mort en 1899 professeur à la Faculté des lettres de Montpellier.

(4) Mort en 1890 recteur de Bordeaux.

(5) Communication de M. Carette, proviseur du lycée de Douai, à l'*Indépendant de Douai* (3-4 novembre 1902).

Bien, à seize ans. Dans quelle direction va-t-il s'engager, où va-t-on le pousser ? Ses goûts le portent vers la carrière des lettres, et il songe à l'Ecole normale. Mais le père a ses desseins, il se montre impérieux, et, ne pouvant le diriger vers Saint-Cyr, dont son fils ne veut pas entendre parler, il le destine à l'Ecole polytechnique. On sent là, à travers les lettres du jeune lycéen, un de ces conflits de famille qui mettent aux prises deux natures contraires et deux volontés déjà rivales.

Follioley s'en va donc bien loin, au lycée de Metz, faire une année de Logique scientifique (1852-1853). Il y fut un élève des plus distingués (1). Il eût pu prendre son baccalauréat ès-sciences : il n'y tint point. Il eût pu également — la chose lui sourit un mois ou deux — se présenter au concours de Saint-Cyr ; il y renonça, parce que les examens l'auraient retenu trop longtemps à Metz, et qu'il avait hâte, après un an de séparation, de rejoindre les siens. Il travaille ferme les mathématiques (2), mais son

(1) Voici son bulletin du premier trimestre : « Caractère ouvert et droit, incapable de se laisser influencer, et qui se prête avec beaucoup d'aisance aux exigences de la discipline et de l'ordre... Un des élèves que nous estimons le plus dans la maison... Beaucoup de facilité et d'ardeur. Tous ses professeurs sont contents de son zèle, presque tous, de ses succès. Ainsi, en mathématiques, il est bien noté : en littérature, de même ; en physique et en histoire, très bien : en allemand seulement, faible ».

(2) Ses maîtres ne doutaient point de son succès à l'Ecole polytechnique. Toutefois, il ne perdit point tout le fruit de ses études scientifiques, et plus tard, dans la direction des lycées, il laissa voir une compétence réelle, assez inattendue, qui étonnait parfois les spécialistes.

penchant pour les lettres se réveille et s'affermit. C'est qu'il a trouvé à Metz un tout jeune normalien, un « gentil garçon qui se tue pour sa classe », qui lui corrige des devoirs particuliers toutes les semaines, qui lui offre — l'imprudent ! — un abonnement gratis à la *Revue de l'Instruction publique*, qu'il aime et « auquel — on aura beau dire et beau faire — il portera toujours envie. » Ce gentil garçon n'était autre qu'Octave Gréard. Il faut bien dire aussi que l'année d'études scientifiques s'était médiocrement terminée pour lui à Metz. Sous prétexte qu'il était bachelier, on lui avait refusé l'excellence à Pâques. Follioley s'était rebiffé contre l'injustice ; il avait fièrement refusé de faire les compositions de prix, entraîné même quelques camarades dans sa résistance à l'oppression, et mérité que son proviseur se plaignît de son opposition gênante. Qui l'eût cru ? Follioley meneur de sa classe et révolté ! Je ne serais pas autrement surpris que ses mésaventures d'élève n'eussent influé plus tard sur son indulgence, d'aucuns ont dit sa faiblesse d'administrateur.

Cependant Follioley hésite toujours. Il veut aller à Sainte-Barbe, le collège de Paris qui avait alors le plus de succès dans les concours, en vue de préparer l'Ecole polytechnique ou la section des sciences de l'Ecole normale. Il prie, supplie, adjure, se fâche presque : pas de Sainte-Barbe, pas d'Ecole polytechnique. Le père reste sourd et refuse net, craignant le séjour de Paris et les camaraderies dangereuses. C'en est fait. Follioley ne sera pas ingénieur.

Les vacances aidant, il triomphe des résistances paternelles et revient aux lettres, qu'il n'avait sacrifiées qu'à regret. Et, à la rentrée de 1853, il s'en fut faire une vétérance de rhétorique au lycée Charlemagne. A peine était-il arrivé à Paris qu'il perdit son père. Il fut élève de la pension Favart. On a souvent conté le brillant passé de ces institutions libres disparues, Massin, Jauffret, Verdot, Favart, où se recrutait l'élite de Charlemagne — le premier lycée de Paris — et on a publié l'an passé des *Souvenirs posthumes* de Fr. Sarcey qui font revivre de façon bien curieuse le régime intérieur et la vie fiévreuse de ces pensions du Marais. Quoiqu'il eût été à Favart mal nourri, mal couché, mal chauffé, l'abbé Follioley se ressouvenait avec délices de cette demi-année de travail intense et des professeurs qu'il eut à Charlemagne : Berger, le rude Hector Lemaire, Toussenel. « Follioley paraissait déjà — m'a écrit un de ses camarades d'alors, M. Gaspard, qui fut mon maître à Louis-le-Grand, et qui n'a survécu que quelques mois à son condisciple — avoir la vocation de l'enseignement. Sa parole était facile et agréable. Sa mémoire, heureuse, précise, fidèle, nous émerveillait, et son instruction générale, surtout en histoire et en philosophie, était supérieure à la plupart de ses camarades... Quoique doué d'une grande facilité, il était parmi les plus laborieux de la pension... Il causait volontiers de ses études antérieures, de ses travaux actuels, et sa conversation, même sur ces sujets sérieux, n'était pas sans charme. On aimait à le faire parler; dans son langage élégant, dans sa voix bien timbrée, dans son regard un peu voilé parfois, dans ses gestes même, il y avait déjà quelque chose de caressant, de persuasif, je dirais presque d'insinuant, qui peut-être aurait fait pressentir à de plus perspicaces le futur abbé Follioley... J'ajoute un dernier trait qui ne nous frappait alors que très peu et très rarement : quoique très expansif, il semblait à certains moments se retenir, se réserver, et garder discrètement pour lui quelque chose qu'on s'attendait encore à lui entendre dire.» Je n'ai pu résister au plaisir de citer presque en entier ce portrait d'une touche si ferme, où apparaissent, déjà plus qu'ébauchées, comme dans leur fleur première, les qualités maîtresses de l'homme fait.

Il prépare l'Ecole normale, section des lettres. « Vous êtes *Normalien designatus*, lui écrit son professeur de Metz, M. Gréard, qui ne le perd pas de vue, mais il s'agit de conquérir les premiers rangs. » Il a beaucoup à acquérir, comme tous les rhétoriciens venus de province ; il a de mauvaises places, mais il vaut beaucoup mieux que ses places. C'est lui qui le dit, et ce n'est pas de la fatuité. Il travaille d'arrache-pied, et « ne renoncera au professorat qu'après avoir tenté toutes les voies d'y arriver. »

Il renonça à l'Ecole normale, comme il avait déjà renoncé à l'Ecole polytechnique, comme il abandonnera bientôt d'autres carrières entrevues.

C'est qu'il a l'âme sensible, prompte aux emballements de l'esprit comme du cœur, partant assez ondoyante et versatile. A peine avait-il obtenu, au prix de longs efforts, la dispense d'âge nécessaire pour se présenter à l'examen de l'Ecole normale que, pris de nostalgie, et profondément tourmenté par le triste sort de sa mère, restée veuve et quasi seule, il lâche, après six mois de séjour, la pension Favart et reprend le chemin de Grenoble. Son nom ne parut point au glorieux palmarès de Charlemagne à côté de ses brillants émules, Gaspard, Foucart, Herbault. Sa volonté vacillante le trahit, non ses forces. Il ne fut pas normalien.

Tout pourtant ne fut point perdu de ces deux années d'études finales. Il garda entr'autres de son passage à Charlemagne une culture étendue, une rare sûreté de méthode, un sens critique des plus déliés, la pureté du goût en matière littéraire. Et l'empreinte fut si vive, si pénétrante, qu'il n'échappa point aux juges les moins avertis que Follioley avait dû, écolier, former son esprit aux meilleures disciplines. Quand il fut chargé d'enseigner dans les institutions libres du Nord, il n'eut qu'à puiser au fonds solide de ses connaissances premières pour devenir un professeur de rhétorique remarquable. Quand plus tard, simple bachelier, il dirigea de grandes maisons et commanda à un personnel de maîtres éprouvés, il ne laissa à personne, chefs et égaux, l'impression qu'il ne se fût pas, de longue main et à fond, préparé aux parties les plus diverses de sa tâche.

II

FOLLIOLEY JOURNALISTE

(1854-1857)

Voici donc Follioley, à dix-huit ans, coupant court à sa vie d'écolier, sur le pavé de Paris, à la recherche d'une position sociale, tout comme Paturot. Louis Veuillot se trouve sur sa route. Il entre à l'*Univers*. Quelle fonction il y remplit et si le métier convenait à son tempérament, il ne nous l'a point dit, et nul de ses amis n'a cherché à pénétrer ce coin mystérieux de son existence. La chose, au surplus, importe assez peu, puisqu'il était trop jeune pour jouer autre chose que les utilités aux côtés de Louis Veuillot, et que d'ailleurs le journalisme ne dura pour lui que juste le temps de l'apprentissage. Ce que nous savons, c'est qu'il fut pendant quelques mois le secrétaire de Veuillot, et qu'il laissa à l'*Univers* de fidèles amitiés.

Deux années se passent. Nous le trouvons d'abord attaché à la rédaction du journal catholique la *Bretagne*, de Saint-Brieuc, puis, en septembre 1856, à vingt ans, rédacteur en chef d'un nouveau journal paraissant trois fois par semaine, le *Messager de l'Ouest* de Rennes, et muni, pour l'occasion, d'un brevet d'imprimeur en bonne et dûe forme. C'est de son nom qu'est signé le programme du journal breton, dont voici le passage le plus caractéristique. « Persuadés que le catholicisme est trop au-dessus des changements et des révolutions pour que ses intérêts puissent en rien dépendre de la forme sous laquelle s'exerce le pouvoir, nous ne sommes les hommes d'aucun parti, d'aucune combinaison, d'aucune fusion politique... C'est assez dire que nous saurons être reconnaissants envers le gouvernement de l'Empereur: nous n'avons pas souhaité son élévation; nous n'y avons pas concouru, et nous nous avouons franchement impérialistes du lendemain ; mais il nous paraîtrait injuste de ne pas aider de nos sympathies un pouvoir qui a enchaîné toutes les libertés dangereuses et qui a fait un pas vers la seule liberté utile, celle de l'Eglise. Là est toute notre politique. » C'est le programme ultramontain de Louis Veuillot, sans la griffe du maître. Ce que devint le *Messager de l'Ouest*, ce qu'il dura, nous l'ignorons, et cette ignorance ne nous laisse que de faibles regrets. Nous savons seulement que le jeune rédacteur en chef jouissait de l'estime toute particulière de Mgr Saint-Marc, alors évêque de Rennes, et qu'il contribua grandement, par une ardente campagne de presse, à la transformation de l'évêché de Rennes en archevêché.

Le *Messager de l'Ouest* n'eut sans doute qu'une existence éphémère. Devenu disponible, le jeune directeur rentre à Paris, à l'*Univers* peut-être. C'est alors, dans les premiers mois de 1857, croyons-nous, qu'il se lie avec Mgr Parisis, évêque d'Arras, le compagnon de luttes de Montalembert et de Veuillot dans la grande bataille menée, de 1840 à 1850, en faveur de la liberté d'enseignement, et l'une des plus grandes figures de l'épiscopat français au milieu du siècle dernier. Ainsi le hasard des rencontres, qui avait poussé Follioley dans le journalisme, le ramena de façon indirecte à l'enseignement, vers lequel s'étaient de bonne heure portés ses rêves de jeunesse.

III

FOLLIOLEY PROFESSEUR

ARRAS ET MARCQ-EN-BARŒUL

(Mars 1857 - Août 1866)

Le jeune Follioley suit en son diocèse d'Arras son nouveau protecteur (mars 1857). Il s'engage bientôt dans l'état ecclésiastique, où le poussaient de reste les pieuses traditions de sa famille et le noviciat de journalisme ultramontain qu'il venait d'accomplir. S'il y eut crise d'âme, s'il obéit à des suggestions extérieures ou si ce fut un acte de volonté réfléchie, l'abbé Follioley n'en a point fait confidence à son entourage. C'est aux côtés mêmes de Mgr Parisis et sous sa direction particulière qu'il entreprend ses études théologiques, prend successivement les ordres mineurs et majeurs, la tonsure, le sous-diaconat, le diaconat, et se fait ordonner prêtre (mai 1861).

Il y avait alors, dans le diocèse d'Arras et de Cambrai, une association de prêtres, fondée sous les auspices de Mgr Parisis, la société de Saint-

Bertin. Ce n'était pas une congrégation — elle ne fut point autorisée par le Saint-Siège à se transformer en congrégation, — mais une société enseignante de prêtres diocésains. Elle possédait ou dirigeait plusieurs établissements dans le Nord, le petit séminaire d'Arras, le collège de Saint-Bertin de Saint-Omer, le collège de Marcq-en-Barœul. Follioley entra dans cette société en 1858, fut dispensé par elle du grand séminaire, et par elle chargé de l'enseignement de l'histoire, puis de la rhétorique et même, à la fin, de la direction des études (avril 1858-juin 1863).

En outre, il dut avoir une large part dans la fondation, par Saint-Bertin, d'un noviciat à Saint-Omer, sorte d'école normale secondaire qui devait initier et former des professeurs plus exercés à l'enseignement et mieux outillés que les jeunes prêtres sortant directement du séminaire. Il fut choisi comme directeur des études de ce noviciat, dont le supérieur était l'abbé Toursel, et paraît en avoir été la cheville ouvrière. Il semble bien qu'en ce premier apprentissage de l'enseignement, le jeune abbé ait pleinement réussi, au point de former autour de lui un noyau de prêtres de valeur et de se faire déjà des envieux. Il nous a été donné d'en juger par de nombreux témoignages de ses anciens élèves et le souvenir d'affectueuse reconnaissance qu'ont gardé de leur maître, après trente-cinq ans écoulés, de nombreux prêtres du diocèse d'Arras.

Justement, à ce moment-là, la bourgeoisie du

Nord, très attachée à l'éducation religieuse, désirait pour ses enfants quelque chose d'autre que le petit séminaire, qui préparait surtout à la prêtrise. Saint-Bertin fonda alors à Arras le collège Saint-Joseph, qui existe encore, et en confia la direction à l'abbé Follioley, qui obtient un certificat de stage pour l'enseignement secondaire. Il avait vingt-cinq ans. Saint-Joseph, comme beaucoup de maisons ecclésiastiques d'alors, conduisait ses élèves au collège universitaire de la ville. L'abbé Follioley se retrouva ainsi en contact avec l'Université, qui l'avait élevé. Il noua des relations, de plus en plus cordiales, avec le principal du collège, M. de Mallortie, avec l'inspecteur d'académie, M. Jarry, dont il devait rester, pendant plus de trente ans, l'ami très intime, avec M. Fleury, recteur de l'académie de Douai. Il fut reçu par eux, traité, non en adversaire, mais en ami, et insensiblement amené, ce qui ne dut pas être difficile, à s'élever au-dessus des calculs mesquins de la concurrence. Il devint membre de la commission départementale des examens primaires. Au surplus, ce régime d'éducation mi-congréganiste, mi-universitaire, répondait tout à fait à ses vues personnelles. Nourri par l'Université, le cerveau et l'âme façonnés par elle, l'abbé Follioley dut à son enseignement de n'être jamais, par les idées et par les sentiments, un prêtre de tous points semblable aux autres prêtres. C'était, au dire de certains de ses élèves, une supériorité. Elle put lui nuire auprès de ses collègues ecclésiastiques, qui le trouvaient trop imbu de laïcisme, si l'on peut dire, mais elle fit son originalité, partant sa force et son succès. Saint-Bertin, qui par ailleurs menait campagne ouverte contre l'Université, ne pouvait voir d'un œil favorable ce régime scolaire et cette alliance de l'Eglise et de l'Université, si habilement conduite par son jeune supérieur de Saint-Joseph. Au bout d'un an d'essai (1863-64), elle fit la rupture, et ce dut être pour l'abbé Follioley une première, mais bien vive déception.

Mais, tout en lui donnant tort et en le déchargeant d'une œuvre qui lui était chère, Saint-Bertin n'entendait pas se priver des services de l'abbé Follioley. Son collège de Marcq-en-Barœul, dans la banlieue de Lille, longtemps peuplé et florissant, était en train de faiblir sous la direction languissante d'un supérieur âgé, l'abbé Crèvecœur. Pour en modifier l'esprit et le relever, Saint-Bertin y envoya quelques-uns de ses meilleurs maîtres, l'abbé Gros, l'abbé Regnier et l'abbé Follioley, à qui elle confia la chaire de rhétorique (1864). Il y fut, de l'aveu de ceux qui l'y ont connu, un professeur remarquable, eux disent couramment extraordinaire. Il se donnait tout entier à sa classe. Et non seulement il s'y dépensait avec une rare activité, mais il avait, sur ses vingt-cinq à trente élèves, une puissance d'attraction et de séduction incomparable. Il savait à merveille exciter chez eux le goût des lettres. « De ses mains — dit l'un d'eux (1) — elles sor-

(1) M. de Swarte, aujourd'hui trésorier-général du Nord.

taient façonnées aux belles manières de penser et comme imprégnées toujours de la religion des nobles sentiments et du culte des écrivains qui les ont revêtues des formes les plus parfaites. Et, en ce temps-là, nous aurions juré qu'ils étaient tous, ou presque tous, du XVIIe siècle. » L'abbé Follioley était alors, il est resté depuis — c'était sans doute un legs de ses maîtres de Grenoble et de Charlemagne — un fervent et quelque peu exclusif admirateur des grands écrivains du XVIIe siècle. L'abbé Follioley eut donc sur cette jeunesse une influence décisive. C'était une sorte de « mainmise définitive sur les intelligences et sur les cœurs », et le souvenir s'en est conservé intact, inaltérable, touchant en sa fidélité obstinée, chez les élèves de Marcq aujourd'hui répandus dans la société laïque. Et c'est là un trait caractéristique de la physionomie de l'abbé Follioley, frappant déjà chez le jeune professeur, et qui sera porté à un plus haut degré chez le proviseur : le don de séduction et de conquête.

Cependant la crise d'âme, ébauchée à Arras, se continuait à Marcq. Saint-Bertin guerroyait avec l'Université, que l'abbé Follioley ne pouvait oublier ni ne voulait desservir ; Saint-Bertin ne comprenait qu'à demi et prisait médiocrement l'esprit de tolérance et de large libéralisme de son affilié ; Saint-Bertin, tout en appréciant ses rares qualités d'éducateur et les sympathies qu'il lui valait de la part des familles, lui mesurait sa confiance et le tenait à distance, loin des hauts emplois dont il était digne, qu'il ambitionnait peut-être. L'abbé Follioley, de son côté, était las de la dépendance ; il se sentait à l'étroit dans le cadre où on l'enserrait et mal soutenu contre « les tyrannies mesquines » de Saint-Bertin — le mot est d'un homme modéré entre tous ; bref, encore qu'il rendît alors, comme il a fait depuis, bon témoignage des maisons libres du Nord, l'enseignement ecclésiastique n'avait pas rempli ses espérances. Il avait gardé, d'autre part, ses relations avec l'inspecteur d'académie, devenu son ami ; il échangeait avec lui ses confidences, ses menues déceptions, ses projets d'avenir ; il était en correspondance avec d'anciens camarades de Charlemagne, qui le pressaient de rentrer, même en un rang très modeste, dans l'Université ; il se lie à la même époque avec M. Glachant, chef de cabinet et gendre du Ministre de l'Instruction publique, M. Duruy, qui fut toujours pour lui un ami précieux et son infatigable garant. Il est déjà « presque universitaire ». Il ne reste que le dernier pas à franchir. Après de loyales explications avec son évêque, il demande audience au recteur de Douai, M. Fleury, se confesse à lui, si je puis dire, et offre son concours à l'Université. « Son acquisition serait précieuse pour l'Université, écrit le recteur. C'est vraiment une recrue distinguée. » Il voit le ministre, auquel il se présente non comme un auxiliaire douteux, mais en serviteur loyal, venu à l'Université par libre choix. Il plaît, il est agréé. On songe à le nommer principal du collège d'Estaires dans le Nord : mais le Nord avait ses dangers pour un principal prêtre, et on crut bien faire, au ministère, en le dépaysant et en l'envoyant à Josselin dans le Morbihan, comme principal d'un collège de trente-quatre élèves, dont douze latinistes, et chargé de la classe de quatrième (4 septembre 1865).

L'abbé Follioley n'alla jamais à Josselin. Il dut même refuser de s'y rendre. Ses supérieurs de Saint-Bertin s'opposèrent formellement à un départ dont ils avaient été tardivement prévenus et qui les mettait dans l'embarras. Mgr Parisis, à qui il remit la décision de cette affaire, lui conseilla d'accorder satisfaction à la société de Saint-Bertin. L'abbé Follioley s'inclina devant cette double opposition. Homme de devoir et de cœur, il ne voulut pas commencer sa carrière universitaire en rompant brusquement, presque violemment, avec des chefs dignes de sa reconnaissance et des collègues dignes de son amitié. Avec l'approbation de ses nouveaux chefs, il demeura donc à Marcq-en-Barœul, non sans avoir fait connaître au supérieur de Saint-Bertin sa décision irrévocable et obtenu de son évêque l'autorisation de quitter la société au bout d'une année. Il demanda, de plus, de n'être point obligé de donner sa démission de principal, et d'être simplement mis en congé, ce qui fut accordé.

On lui avait instamment demandé, et il avait presque promis, mais il oublia, cette année-là comme les suivantes, de passer sa licence ès-lettres, grade auquel l'administration tenait pour ses chefs d'établissement, et qu'on lui eût conféré sans trop de peine, car à Douai ces messieurs de la Faculté le croyaient licencié. Il préféra consacrer sa dernière année d'enseignement libre à la préparation d'un troisième volume de son *Histoire de la littérature Française au XVIIe siècle* (1) et à des conférences littéraires qu'il alla faire chaque semaine à Roubaix, au cercle Ozanam, qu'il avait contribué à fonder.

L'année scolaire s'achève. L'abbé Follioley, insensible aux obsessions qui l'assaillent, pose de nouveau sa candidature à un principalat. Il insiste, d'autant qu'à ses goûts personnels s'ajoutent des raisons de piété filiale, car, principal, il lui deviendrait possible de prendre avec lui sa vieille mère, dont l'isolement lui pèse. Il sollicite Château-Thierry, qu'on juge trop avantageux, avec ses cent trente élèves, pour un débutant non licencié. Il demande une mise en activité prochaine ; sa position à Marcq est devenue impossible ; il promet, ce à quoi M. Fleury tenait fort, de se montrer dans son livre plus impartial avec les Jansénistes. Il aimerait à rester dans le Nord, près de M. Fleury, qui a pour le jeune abbé une grande estime ; mais les vacances sont rares, à Douai plus qu'ailleurs. Il ira où on l'enverra, pourvu qu'on l'y envoie sans trop tarder. « Si vous avez quelque part un collège en souffrance et qu'il soit possible de relever, je l'accepte d'avance, afin de faire mes

(1) Les deux premiers, qui n'étaient guère autre chose que son enseignement littéraire d'Arras et de Marcq, avaient paru à Paris, chez Belin, en 1864-1866.

preuves (1) ». A la veille même de son entrée dans l'Université, l'abbé Follioley marque lui-même sa voie. Il sera celui qui relève les collèges tombés et « remonte » les lycées en déclin.

(1) Lettre de l'abbé Follioley au Ministre de l'Instruction publique (26 août 1866).

IV

SAINT-CLAUDE

(8 octobre 1866 - 26 décembre 1868)

Trois jours après, il était nommé principal du collège de Saint-Claude, dans le Jura. Il était, si l'on peut dire, servi à souhait. Son vœu était exaucé, qui mieux est, comblé. Ce que l'Université lui offrait comme poste de début, ce n'était point un collège en souffrance, mais un collège moribond, une ombre de collège, pis encore, l'ombre d'une ombre. Saint-Claude comptait tout juste, à la rentrée de 1866, trente-deux élèves, dont deux internes, chiffre officiel. Trois ou quatre principaux s'étaient succédé au chevet du malade, moins propres à le remettre sur pied qu'à hâter sa fin. Et par surcroît, ô tristesse ! un récent procès en cour d'assises avait achevé de donner à l'infortuné collège une notoriété des plus fâcheuses.

L'abbé Follioley, qui contait l'anecdote avec humour, nous a maintes fois narré son arrivée au collège de Saint-Claude. Il faillit n'y trouver personne.

Tout y était silence et herbes folles, comme dans le château de la Belle au bois dormant. De grands rocs surplombants dans le jardin — une véritable montagne, paraît-il — ajoutaient leur masse sauvage à la solitude des lieux. Le principal demeurait aussi invisible que les élèves. Il se montra enfin, lamentable et dolent, et prédit à son présomptueux successeur les pires désastres.

Sans s'émouvoir de ces prophéties sinistres, le jeune abbé se met à l'œuvre incontinent. Il nettoie, sarcle, époussette, il anime de son ardeur novice l'immeuble enfin réveillé, et voici que les élèves rapprennent le chemin oublié du collège. Il se fait bien voir des familles et des autorités. Il obtient du Conseil municipal une dizaine de mille francs de grosses et menues réparations, une subvention annuelle plus importante (neuf mille deux cents francs au lieu de six mille cinq cent trente) et six bourses d'externat. Il n'économise guère sur son traitement, qui est tout juste de mille huit cents francs. Le succès suit. En deux ans le collège passe de trente-deux élèves à quatre-vingt-quinze, dont vingt-cinq pensionnaires, puis à cent dix-sept, puis, à la rentrée de 1868, à cent quarante ; il est presque quintuplé. Les deux pauvres internes du début ont vu venir à eux une quarantaine de camarades. On peut enfin jouer aux barres au collège de Saint-Claude !

L'abbé Follioley n'avait pas tardé à s'apercevoir que, dans un arrondissement industriel comme celui de Saint-Claude, ce qui convenait le mieux, c'était un enseignement spécial, qui eût, autant que possible, le caractère d'une école professionnelle, où les élèves seraient exercés au dessin, à des travaux pratiques de tournerie, de menuiserie ou d'ajustage. A cet effet, il créa successivement une année préparatoire, puis une première et une deuxième année d'enseignement spécial, qui réunirent bientôt cinquante élèves. Il obtint de l'Etat une subvention de mille deux cents francs pour la création d'une chaire nouvelle.

Tout sourit au jeune principal. Tout le monde lui est favorable. « Nul personnage n'est plus considéré dans l'arrondissement. » Il jouit d'une réelle autorité auprès de Monseigneur. Il reçoit les félicitations chaleureuses du directeur du personnel, M. Danton. Il réussit, ô miracle ! à faire comprendre Saint-Claude dans l'itinéraire des Inspecteurs généraux, et le premier rapport dont il est l'objet sonne à la façon d'un bulletin de victoire. « Finesse exquise, tact parfait, élocution souple et juste, rien qui sente le prédicateur. Tout en ne sachant pas le latin à fond, il professe avec une réelle distinction ; il est bien au-dessus de son grade universitaire. Il pourra gouverner une maison plus considérable quand il aura donné plus de gages à l'Université. »

Et pourtant qui l'eût cru ? Il avait débuté par un pas de clerc — le mot est de circonstance. Il n'était pas depuis trois mois dans ce collège vide qu'il avait attiré sur sa tête les foudres administratives. Il avait invité l'évêque, bien disposé pour la maison, peut-être aussi pour son nouveau chef, à venir visiter l'établissement. Comme d'usage, un élève lui adressa une pompeuse harangue. L'orateur en herbe ne s'avisa-t-il pas d'y mettre — à moins qu'on ne l'eût mis pour lui — que le nouveau principal s'estimait heureux de gouverner la maison « sous l'autorité bienveillante de Monseigneur et par l'appui de ses conseils » ? Et le principal, de son côté, n'eut-il pas l'idée malencontreuse de publier le compliment officiel dans l'*Hebdomadaire* de Saint-Claude (1)? Or on ne badinait pas, en l'an de grâce 1866, sur l'indépendance nécessaire de l'Université vis-à-vis du clergé. Le recteur de Besançon, qui n'était pas très sûr de ce jeune prêtre, veillait. Il rappela à l'ordre le principal coupable d'une subordination si peu orthodoxe. L'abbé Follioley eut beau défendre son texte, plaider les circonstances atténuantes : il reçut bel et bien, par voie hiérarchique, un avertissement.

Deux années se passent. L'abbé Follioley cumule, avec ses fonctions de principal, les classes, ou plus exactement sans doute, l'unique classe de rhétorique et de seconde (1867-68.) Il est fait officier d'Académie. Il est entré — rentré serait plus juste — dans l'Université, et « pour arrhes du contrat, il a commencé par lui rendre un collège. » Il croit avoir mérité un collège plus important. Il a l'ambition légitime d'avoir plus et mieux à faire.

(1) Numéro du 22 décembre 1866.

On lui propose Lesneven, dans le Finistère, au pays de Léon. Renseignements pris, il hésite. Il ne voudrait pas s'éloigner du Nord, sa patrie d'adoption, qu'il appelle « sa terre promise ». Il travaille à sa thèse sur Bourdaloue, — de même sans doute qu'il avait préparé sa licence, en y pensant toujours sans s'y employer jamais, — et les thèses se font mal à cent cinquante lieues de Paris. Il sait que les Bretons n'aiment pas trop les étrangers ; que, s'il est nécessaire à Lesneven que le principal soit prêtre, il est presque indispensable que ce soit un prêtre breton, puisque les trois quarts des familles ne savent pas le français ; que les professeurs ecclésiastiques — ils l'étaient presque tous — n'y nourrissent pas une bien grande tendresse pour l'Université. Il craint que l'évêque de Quimper, Mgr Sergent, ne se montre hostile à l'administration universitaire. Il sait, de plus, que le collège est dans une situation toute spéciale, de gestion très difficile, en raison du nombre d'élèves, qui ne paient pas la rétribution, — soixante-dix « concessionnaires » sur cent quatre-vingt-cinq internes, — des sacrifices considérables faits par le principal sortant, de ce fait aussi qu'il est la propriété mal définie de plusieurs, l'évêque compris. Or il n'a pas de fortune personnelle, et laisse à Saint-Claude deux ou trois mille francs de son petit patrimoine. Il sait enfin que le successeur désigné est un abbé originaire de la ville même. Il pressent qu'il va à un échec certain. « Je suis de l'Université militante, écrit-il : un poste de combat me sourirait davantage. »

Sans compter que Saint-Claude s'agite, que le Conseil municipal proteste par délibération spéciale, que le maire Lécureul se débat, arguant de dépenses faites et de promesses reçues, que le député, M. Dalloz, influent entre tous, porte et appuie en haut lieu les doléances de ses commettants. Rien n'y fit. Comme il fallait à Lesneven un prêtre et un homme habile, on y dépêcha l'abbé Follioley ; et comme l'abbé Follioley ne pouvait refuser sans s'aliéner la faveur de ses premiers patrons et compromettre son avenir, il partit pour Lesneven, au pays de Léon.

V

LESNEVEN

(16 décembre 1868 - 17 mars 1873)

A Lesneven, l'abbé Follioley remplaçait l'abbé Cohanec, mis en congé d'inactivité. Ce ne sont pas tout à fait des inconnus pour nous que Lesneven et l'abbé Cohanec. C'est à Lesneven que, quinze ans auparavant, avait été déporté le jeune Sarcey pour cause de rébellion et de port de barbe prohibé. Il faut lire dans ses *Souvenirs de jeunesse* (1) le plaisant chapitre qu'il a consacré à son court, mais idyllique séjour en cette maison plus ecclésiastique qu'universitaire, où du moins la circulaire sur les barbes n'était pas observée, où il faillit — n'eût-ce point été dommage ? — se réconcilier avec les prêtres. L'histoire du dîner offert à M. l'Inspecteur général, où la consigne des professeurs de la maison était de ne pas adresser un mot au suppôt de l'Université et de rester muets « comme un réfectoire de moines

(1) Sarcey, *Souvenirs de jeunesse*, Paris, Ollendorff. — Le *Temps* a publié l'an passé en *Variétés*, et l'on a depuis publié en librairie *le Journal de jeunesse de Sarcey*.

trappistes », vous a toute la saveur d'un conte à la Paul-Louis Courier.

Cet abbé Cohanec, alors « le bras droit » du principal, Sarcey nous l'a dépeint de pied en cap. C'était une sorte de bon géant qui professait la philosophie et adorait surtout la chasse. Devenu principal à son tour, il avait dépensé sans compter et sacrifié une assez jolie fortune personnelle sans réussir à sauvegarder l'antique prospérité du collège. Il se retirait pour cause de santé, « honoré d'avoir appartenu à l'Université. »

Ce n'est d'ailleurs pas un minuscule collège que Lesneven. Le collège est de plein exercice ; on n'y donne que l'enseignement classique ; il est à effectif complet de professeurs, avec deux cent dix-huit élèves, exactement cent seize pensionnaires, soixante-neuf demi-pensionnaires, trente-trois externes ; il a, de plus, une rente de cinq mille deux cents francs. Le principal y reçoit un traitement fixe de deux mille francs, qu'il peut doubler pour le moins. Nous voilà bien loin de Saint-Claude et de sa misérable paire d'internes du début.

L'abbé Follioley accepte. Il arrive. Au laisser-aller, à la routine des précédents principaux succède une activité singulière qui s'étend à tout, relations au dehors, améliorations matérielles, méthodes d'éducation, et un esprit d'initiative qui triomphe de toutes les résistances et vivifie tout.

Dès la première année, en huit mois de temps, malgré les difficultés d'un budget plutôt obéré, il fait passer le chiffre des élèves de deux cent dix-huit à deux cent quatre-vingt-dix. Il le portera les années suivantes jusqu'à trois cent quarante, et l'y maintiendra jusqu'au bout, sans accroissement sensible, car la matière manquait et le Léon n'est pas le Finistère, mais aussi sans diminution d'aucune sorte. A sa première rentrée (octobre 1869), il avait compté soixante-dix nouveaux. Il lui avait fallu dépêcher à Brest le ferblantier du coin pour en rapporter soixante-dix lits. Il avait dû loger en ville ses chambriers — heureux chambriers ! — emplir outre mesure la maison de M. Reungoat et louer tout le magasin de M. Vignioboul.

Forcément les locaux devinrent sans tarder insuffisants. Grand recruteur d'élèves, l'abbé Follioley ne pouvait manquer d'être un grand constructeur de bâtisses. Il avait d'ailleurs plus que personne le don de persuader et de réussir en ses négociations. Il obtient du Conseil municipal de Lesneven, comme du Conseil municipal de Saint-Claude, à peu près ce qu'il veut : une vingtaine de mille francs d'abord, puis une autre vingtaine de mille francs. Il fait racheter par la ville les droits de propriété que l'évêque avait dans le collège même. Il fonde successivement un cabinet de physique, une bibliothèque, une lingerie. Il fait construire deux ailes de deux étages pour de nouveaux réfectoires et dortoirs. Il songe même à l'agréable, une des meilleures formes de l'utile. Lesneven n'était qu'une bourgade, peu propice aux distractions, et la plupart des professeurs étaient prêtres. Pour eux, il aménagea dans le jardin un pavillon d'agrément, et la légende raconte qu'il fut question d'y loger un billard (1).

On ne songeait pas seulement aux délassements à Lesneven : on y travaillait. Le nouveau directeur avait donné aux études une impulsion vigoureuse. Avec lui, Lesneven prit part aux concours, alors florissants, entre lycées et collèges d'une même académie. Il y réussit. En 1872 il obtint, avec vingt concurrents seulement (les élèves de Lesneven se mettaient tardivement à l'étude, et la limite d'âge avait écarté du concours le plus grand nombre), cinq nominations, dont un premier prix. Deux classes primaires, antérieures à la huitième, y furent instituées. Il innova encore en un point important. Jusqu'alors, par une tendance assez naturelle et qui n'a point disparu, dit-on, les principaux avaient considéré les professeurs moins comme des collaborateurs que comme des auxiliaires, et n'avaient rien tenté pour provoquer, dans l'intérêt des études et de l'établissement, un contact plus fréquent et une entente profitable entre les maîtres. L'abbé Follioley institua, outre les notes hebdomadaires de classe et d'étude qu'il se fit un devoir de donner régulièrement, les réunions périodiques de professeurs. C'était à Lesneven, et ç'a été depuis, une institution à laquelle il est resté très attaché. Loin d'y redouter

(1) Je dois une bonne partie de ces renseignements à mon camarade Coué, professeur au collège de Lesneven, et je lui en exprime ici toute ma gratitude.

un amoindrissement de son autorité, il y voyait, à juste titre, un excellent moyen de contrôler en commun la marche des études, le mérite ou le démérite de chaque élève. Il y trouvait, par surcroît, l'occasion de montrer qu'il possédait à fond la connaissance minutieuse des élèves et de jouer, avec tout profit pour son prestige personnel, le rôle d'un arbitre écouté. A Lesneven, il y gagna, de plus, de mettre plus de cordialité et de liant dans les relations entre professeurs laïques et ecclésiastiques.

Voici encore une innovation qui a son prix. Avant l'abbé Follioley, Lesneven n'était guère autre chose qu'une école préparatoire au grand séminaire. En 1868, dix-neuf rhétoriciens sur vingt-et-un se destinent à la prêtrise. On s'explique assez mal, en un tel état de choses, le rattachement du collège à l'Université. Avec l'abbé Follioley, des fenêtres s'ouvrent sur le dehors. Sans cesser d'être une espèce très particulière de petit séminaire, Lesneven prend davantage l'air d'un collège comme les autres et prépare des élèves de plus en plus nombreux aux carrières libérales, à la médecine navale entr'autres.

Tous ces changements s'étaient faits sans trop de bruit, et n'avaient pas suscité trop de critiques. Le jeune abbé avait décidemment le vent en poupe. Les préventions du début n'avaient pas duré ou s'étaient amorties. Il avait son personnel bien dans la main, avec, en moins, quelques maîtres réfractaires aux nouveautés, avec, en plus, de jeunes recrues bien choisies. Par sa rondeur, sa finesse, son ascendant aussi, il s'était concilié les sympathies du clergé de la région : il était reçu chez les recteurs bretons; il « vicariait », selon l'expression du cru. Cette popularité était telle — ou du moins il la croyait telle, — que, si plus tard l'abbé Follioley se laissa proposer pour un évêché, il ne songea véritablement qu'à celui de Quimper, en raison même des attaches solides qu'il s'était créées parmi ses collaborateurs et élèves du collège de Lesneven. Il avait su, de bonne heure, mériter les bonnes grâces de Mgr Sergent, qui, par faveur spéciale, vint présider la première distribution de prix du nouveau principal, et voulut même plus tard attirer l'abbé Follioley au collège de Quimper.

La guerre était venue, avec son lamentable cortège d'épreuves et de deuils ressentis au lointain pays de Léon. L'abbé Follioley, fils d'officier, apprit à ses grands collégiens à manier le fusil. Il faisait venir de Brest, à ses frais, chaque semaine un sergent instructeur pour diriger l'exercice militaire. En novembre 1870, il vient en aide, de sa bourse, aux mobilisés pauvres de la région. Dans le pays, il passait pour un homme qui n'aurait pas hésité à faire le coup de feu, comme les autres. Et quand, la guerre finie, le général Le Flô, ancien ambassadeur de France en Russie, revint en son pays de Lesneven, c'est entre deux haies de collégiens armés qu'il fit son entrée en sa bonne ville.

La fin de son principalat fut pourtant voilée de tristesse. Une épidémie de fièvre typhoïde éclata au collège dans les premiers mois de 1873, et fit plusieurs victimes. Le licenciement du collège eut lieu, mais trop tard, et l'on rendit le principal responsable de cette longue temporisation (1).

Au demeurant l'abbé Follioley avait fourni une seconde étape aussi brillante que la première. Au fond de la Bretagne comme dans les montagnes du Jura, il avait donné des gages indiscutables de son loyalisme universitaire et de son habileté d'administrateur, s'était tiré à son honneur des difficultés de sa tâche, avait triomphé avec une égale aisance des secrètes hostilités et des préventions locales. Il possède l'entière confiance du recteur de Rennes, M. Malaguti, qui ne lui reproche, comme d'ailleurs son collègue de Besançon, que sa négligence dans la correspondance universitaire (2) et son aversion, cette fois décisive, pour la licence.

Cependant l'abbé Follioley ne se plaît qu'à demi à Lesneven, où il ne peut faire venir sa mère, en un collège qui ne répond pleinement ni à ses besoins ni

(1) Il ne pouvait entrer dans le cadre de mon sujet de parler de ce qu'est devenu, après le départ de l'abbé Follioley, le collège de Lesneven. Ce que je puis dire pourtant, c'est que les administrateurs qui suivirent, soit pour le renouvellement du traité, soit à la suite d'incidents qui touchaient à la politique, ne donnèrent pas toute satisfaction au bon et si sympathique recteur de Rennes, M. Jarry, et que, bien des années plus tard, M. Rousseau, sénateur du Finistère — mort gouverneur général de l'Indo-Chine, — lui écrivait plaisamment : « Dépêchez-vous de nous renvoyer l'abbé Follioley. »

(2) Y aurait-il là un péché d'habitude chez les principaux ecclésiastiques? Quinze ans plus tard, le successeur de M. Malaguti se plaindra des deux qu'il possède, dont l'un « ne répond jamais » et l'autre « ne fait qu'à sa tête ».

à ses goûts. La position est facile et douce, trop douce à son gré. Il a « de la moelle universitaire » à dépenser. Et puis il y a un siècle entre les idées qui ont cours à Lesneven et celles du reste de la France. Il ne se contente pas des promesses d'avancement que lui prodiguent ses chefs et ses protecteurs; il les avive et les tient en constant éveil. Il avait songé de bonne heure, il songe toujours, au point d'en rêver la nuit, à rentrer dans l'académie de Douai, où il a laissé des amis si chers, où il est à l'affût des postes vacants ou qui vont le devenir, comme Beauvais, Laon, Charleville (1), où pourtant on lui fait craindre de divers côtés des déceptions, comme celle de ce pauvre abbé Pourtault, d'Hazebrouck, presque mis en interdit par le terrible archevêque de Cambrai, qui n'admet pas qu'on soit tout ensemble universitaire et prêtre.

Mais ses supérieurs hiérarchiques, moins pressés que lui et d'autant plus sages, ont pour l'abbé Follioley des visées autres et plus appropriées à ses qualités déjà reconnues d'administrateur heureux : ils le désignent pour un collège en voie de transformation, comme Rochefort ou Guéret, ou pour un petit lycée comme Rodez, Saint-Brieuc ou Coutances.

La nomination d'un prêtre comme proviseur de

(1) Il fut question pour lui de Charleville en 1870, juste au moment où les Ardennes étaient envahies. C'est M. Fleury, recteur de Douai, qui le proposa, et qui négocia à ce sujet avec l'archevêque de Reims. Mais l'archevêque de Reims ne voulait en fait d'ecclésiastiques qu'un de ses prêtres et fit échouer la combinaison.

lycée ne constituait pas alors une rareté. L'Empire avait, sur ce point, continué les traditions de la Restauration et de Louis-Philippe. Les abbés Daniel, Noirot et Juste étaient restés de longues années à la tête des rectorats de Caen, Lyon et Poitiers. En 1873, dans l'Université on ne comptait pas moins de quatre inspecteurs d'académie ecclésiastiques, quatre proviseurs, les abbés Desprez, à Caen, Lair, à Coutances, Lebrun et Tarot, treize principaux et deux directeurs d'Ecole normale.

Or voici qu'au milieu de l'année 1873, les Inspecteurs généraux, le recteur de Rennes, M. Malaguti, l'inspecteur d'académie de la Mayenne, M. Méry, sont d'accord pour le proposer pour le lycée de Laval, dont le proviseur, M. Housset, était hors d'état de continuer son service. Il est nommé proviseur (2e classe) du lycée de Laval le 17 mars 1873.

VI

L'ABBÉ FOLLIOLEY PROVISEUR

LE LYCÉE DE LAVAL

(17 mars 1873 - 3 août 1886)

Je me souviens encore du bruit que fit son arrivée au lycée de Laval, où je faisais ma septième. C'était aux environs de Pâques. La maison était vieille et paisible, pas le moins du monde turbulente, avec quelques bons professeurs et des maîtres d'études rébarbatifs et cassants. Déjà nous n'apercevions plus la fine silhouette et les lunettes d'or du père Housset, que la maladie tenait éloigné de nous, et la vie intérieure en devenait quasi plus monotone. Un nouveau proviseur apparaît... un « curé ». Nous n'en revenions pas. Nous n'imaginions le prêtre que sous les espèces de l'aumônier, et le digne abbé Létard suffisait à nos besoins. Et puis le nouveau ressemblait si peu à l'abbé Létard ! Large avec un commencement d'embonpoint, presque replet, une tête bien ronde et bien en chair, avec des yeux clairs et attentifs derrière les lunettes, l'air grave avec un balancement qui n'avait rien d'inélégant, le regard assuré, le verbe ferme, presque impérieux, tel nous apparut notre proviseur en soutane.

J'ai su depuis que ce qui avait alors causé le plus d'émoi, c'était moins le nouveau venu que son escorte. L'abbé Follioley n'arrivait pas seul de sa bourgade perdue de Lesneven. Il amenait avec lui une suite véritable, une douzaine de collégiens grands et barbus comme des sapeurs, sortis on ne sait d'où, des Jurassiens comme David-Sauvageot, Regad, mort capitaine près de Tombouctou, et Jeantet, de blonds fumeurs du Nord, Abel Thulliez et les Macaux, des Bretons bretonnants comme Tison, Dein et d'autres encore. Une véritable invasion. Ils éveillèrent vite les jalousies, car ces nouveaux venus avaient le mauvais goût, étant bons élèves, de cueillir les premières places, et aussi les défiances, car ils « sortaient » chez le proviseur et dînaient à sa table deux fois par mois. Il faudrait mal connaître l'esprit potache pour ne pas deviner qu'il y eut de ce fait des animosités et d'inévitables coups de poing. L'histoire des collégiens est toute pleine de ces bourrades un peu vives, prélude ordinaire des amitiés durables.

Ce qu'il faut surtout retenir de l'épisode, c'est qu'il caractérise un des procédés de l'abbé Follioley et fait valoir l'une de ses qualités maîtresses. Là où il est, qu'il enseigne ou qu'il administre, il ne ressemble ni aux autres professeurs ni aux autres chefs de maison : il est autre chose et mieux que le fonctionnaire qui accomplit sa tâche et passe ; il va très au-delà : il séduit, captive, s'impose à la confiance des familles, devient le confident, l'ami, le directeur d'âmes, se crée toute une famille de petits protégés, qui le suivent d'étape en étape. Et ce fut ainsi partout, à Marcq, à Saint-Claude, à Lesneven, à Laval, où le recteur, son ami, lui confia toute l'éducation de son fils, et Got, de la Comédie française, le baccalauréat du sien, à Caen même ; à telles enseignes qu'on lui reprochait plaisamment, pour grossir l'effectif de la maison où il entrait, de commencer par vider de ses élèves celle qu'il venait de quitter. Je ne suis pas seul à penser que, par cette puissance d'attraction et le rayonnement de ce prestige personnel mis au service des intérêts dont il avait la garde et de l'Université dont il était le mandataire, l'abbé Follioley élargissait et grandissait le devoir professionnel.

Ce n'était point une douce sinécure que Laval, mais un vrai poste de combat. Laval est comme une sorte de sentinelle avancée dans l'Ouest. Nous sommes en plein Maine, pays d'antique chouannerie, à deux pas de la Bretagne, et l'enseignement libéral de l'Université y est contesté, combattu par toute sorte de moyens, tenu en échec. La noblesse et ceux qui emboîtent le pas derrière elle envoient leurs enfants aux Jésuites du Mans ou de Vannes : la vieille bourgeoisie libérale a désappris le chemin du lycée : la bourgeoisie naissante se porte ou se laisse diriger vers les collèges ecclésiastiques, l'Immaculée-Conception de Laval ou le collège de Château-Gontier. Et puis, sans parler du trouble ambiant des esprits en politique, Mayennais et Lavallois ne sont pas gens à se coiffer subitement des nouveaux venus ; les fenêtres donnant sur la rue, suivant une remarque piquante d'un correspondant du nouveau proviseur, sont le plus souvent closes ; les portes ne s'ouvrent qu'avec une sorte d'hésitation ; il en est qui ne s'ouvrent jamais pour les universitaires, même de robe ; on ne s'y livre qu'avec toute sorte de précautions, et l'on ne s'y donne qu'à bon escient, avec cette compensation, toutefois, qu'on ne se reprend pas après s'être donné. Cet esprit particulier, fait de froideur et de réserve quelque peu ombrageuse, il y avait au lycée de Laval quelqu'un qui le connaissait bien. C'était le bon abbé Létard, âme loyale et délicate, esprit libéral, prêtre irréprochable (1), un de ces aumôniers de lycée qui font corps avec la maison à laquelle ils appartiennent et qui dépensent, à la bien servir, toute leur expérience, toute leur intelligence, tout leur cœur. Il se fit dès l'abord et resta longtemps le guide du nouveau chef, et son appui, jusqu'au jour où l'on sentit poindre plutôt qu'éclater un semblant de conflit entre deux influences rivales, l'ancienne et la nouvelle.

Que le département de la Mayenne et la région

(1) L'abbé Létard est mort en septembre 1878.

avoisinante fussent peu universitaires, cela se voyait de reste à la situation plutôt précaire du lycée, qui comptait juste deux cent soixante-douze élèves en 1873, soixante-dix de moins que le collège de Lesneven. Il avait eu de beaux jours vingt-cinq ans auparavant avec l'abbé Dours, devenu évêque de Soissons ; mais depuis lors il avait décliné avec le second abbé Dours (1), frère du premier, et s'était péniblement maintenu avec ses derniers chefs, MM. Martin et Housset. En renouant à Laval la tradition des proviseurs ecclésiastiques, on pensait que l'abbé Follioley « referait indubitablement la fortune du lycée et pourrait même le porter très haut ». Le calcul était juste, et la prédiction devait se réaliser, ou plutôt l'abbé Follioley devait la réaliser pleinement. « Vous êtes fait pour Laval, disait-on, et Laval pour vous. » A vrai dire, cela pourrait se répéter de tous les lycées de France, mais il semble bien qu'à Laval plus qu'ailleurs, le choix d'un excellent chef fût le facteur essentiel dans la restauration du lycée.

L'abbé Follioley demeura à Laval un peu plus de treize ans, de 1873 à 1886. Il y arrivait après deux expériences heureuses, en pleine vigueur, avec l'ambition visible de faire toujours mieux, de mériter à un plus haut point la faveur de ses chefs hiérarchiques, de se pousser graduellement à de

(1) L'abbé Hippolyte Dours fut proviseur du lycée de Laval de 1850 à 1859. A son départ, le lycée de Laval comptait en tout deux cent vingt élèves, dont cent trente internes.

plus hauts emplois. Il y apportait, relativement jeune, des qualités de tout premier ordre, une maturité précoce, un esprit avisé et fécond en ressources, un don certain de combativité, tempéré par beaucoup d'entregent, et une indéniable souplesse, une attention éveillée sur toutes choses et une application constante aux plus menus devoirs de sa charge, avec cela de la chaleur de cœur et beaucoup de distinction native, et par-dessus tout l'autorité personnelle, qui, s'imposant d'elle-même aux familles, aux élèves, aux collaborateurs, donne à une maison d'éducation provinciale sa vie propre et sa force d'expansion. L'abbé Follioley put dans la suite, à Nantes notamment, accomplir de plus grandes choses, obtenir des succès qui tinrent du prodige ; nulle part plus qu'à Laval il ne donna sa pleine mesure et ne fit preuve d'une plus complète maîtrise. En dépit de certaines erreurs, plus critiquables chez lui que chez un autre, il faut le reconnaître, il réussit — au prix de quels efforts et de quelle tension d'âme constante, ceux-là seuls le savent qui ont été mêlés à sa vie — à faire du petit lycée de Laval le premier lycée, ou peu s'en faut, de l'Académie de Rennes, la « maison-modèle de l'Ouest ». Et les treize années qu'il y passa furent, à n'en pas douter, les meilleures, les plus brillantes et, par surcroît, les plus heureuses de sa carrière universitaire (1). Pas de triomphe foudroyant, mais une suite ininterrompue

(1) « Le lycée de Laval... je n'aimerai jamais davantage, je ne servirai jamais mieux aucune maison. Je lui ai donné quatorze

de succès. Ce fut véritablement, pour ce général souvent victorieux, sa campagne d'Austerlitz.

D'abord le nombre des élèves. Cela fait sourire les délicats et gronder les gens d'humeur quinteuse. Peut-on juger d'après la quantité et se laisser hypnotiser par le nombre ? Mais l'administration supérieure y tient, y tiendra toujours, et forcément aussi ses subordonnés. Comment l'Université s'en désintéresserait-elle, étant en état de perpétuelle concurrence avec l'enseignement libre ? Et, en dépit des critiques faciles, quel meilleur et plus simple criterium de l'habileté professionnelle d'un principal ou d'un proviseur ? Chacun sait que l'abbé Follioley était passé maître dans l'art de peupler ses collèges et lycées, et ce ne doit pas être après tout un mérite si commun, puisqu'on l'a si souvent appelé pour pallier les fautes de ses prédécesseurs et corriger les maladresses de ses collègues. Il avait déjà opéré une sorte de miracle à Saint-Claude, et mené rondement les choses à Lesneven. Il continua à Laval ses savantes métamorphoses. Cela tenait du prestidigitateur. Il paraissait doué d'une baguette magique (1) pour faire sortir de terre des bataillons d'élèves et transformer les maisons qui s'effritent en palais habités. Talisman d'ailleurs bien connu de ceux qui

années de ma pleine maturité, quatorze années parfaitement heureuses... ». Paroles prononcées par l'abbé Follioley au banquet qui lui fut offert à Paris, le 7 décembre 1895, à l'occasion de sa nomination comme Officier de la Légion d'honneur.

(1) Le mot se trouve déjà dans une lettre de M. Fleury, recteur de Douai, datée du 28 novembre 1868.

l'approchaient: il était de ceux qui inspiraient vite confiance, ou qui la faisaient adroitement naître, si elle tardait à se montrer.

Voici des chiffres. Toutes les statistiques de ce genre n'ont pas le même agrément. Au début donc, en mars 1873, deux cent soixante-douze élèves, dont cent vingt-cinq internes. L'an suivant, trois cent vingt, soit cinquante-huit nouveaux, et les internes — la force médullaire des lycées de province — passant de cent trente-sept à cent quatre-vingts. Un assez heureux commencement, comme on voit. En 1875, trois cent soixante-quinze : gain de cent unités en deux ans. En 1877 et 1878, quatre cent quarante-neuf. Le préfet s'étonne d'un tel talent à captiver les familles. En 1879-80-81, quatre cent quatre-vingt-dix élèves. On touche à cinq cents, l'effectif des lycées de première classe. Et le flot montait toujours. De là on passe à cinq cent vingt en 1883 — c'est le lycée le plus important comme internat de l'Académie, près de quatre cents — à cinq cent trente-huit en 1884, à cinq cent quarante-trois en 1885, à cinq cent soixante-cinq en 1886 (1). Le lycée de Laval a plus que doublé en treize ans et, pour qui connaît l'étroitesse de ressources du département et la puissance des influences réfractaires, le succès est prodigieux, dépassant de beaucoup les forces ordinaires de l'humble lycée.

(1) Au 30 juin 1886, le lycée de Laval compte trois cent quatre-vingt-quinze internes et cent soixante-dix externes, au total trois cent soixante-cinq élèves. Il fut élevé à la troisième classe en 1876, à la deuxième en 1880.

Ils venaient de partout, ces élèves, de près, de loin, des départements les plus éloignés comme des limitrophes, des collèges de la région, qui se défendaient mal, mais se lamentaient fort — qui les en pourrait blâmer? — de l'acharnée propagande de l'abbé, et aussi, et surtout des maisons libres de Laval, Château-Gontier, Vannes et autres lieux, dont l'abbé Follioley était en quelque sorte la bête noire, une variété d'antechrist. D'un seul coup, à sa rentrée de 1874, n'avait-il pas pris dix-huit élèves à ce pauvre abbé Blu, de Laval, qui n'en pouvait mais? C'était la traînée de poudre légendaire. « L'abbé Follioley a acquis une sorte de popularité dans le pays, » popularité du meilleur aloi, qui se traduisait en gains réguliers, en poussées ascendantes vers l'Université. Et ce n'étaient pas seulement des boursiers — encore que l'abbé Follioley se montrât pour eux et pour les leurs d'une bienveillance toujours agissante — mais des internes payants, une nuée d'internes. Oh ! il y avait de tout dans ces couches nouvelles, comme d'ailleurs en tous les établissements d'éducation, et, dans le nombre, des épaves authentiques et des cancres avérés. Mais ce que ne savaient pas, ou ce que ne reconnaissaient que du bout des lèvres les critiques de l'abbé Follioley, ce qui était la vérité vraie — je l'emprunte au témoignage d'un Inspecteur général, — c'est que « le nombre des bons élèves y était plus grand qu'ailleurs. » C'est donc que la qualité n'était point si sacrifiée qu'on l'a dit parfois, et cela suffit.

Au demeurant, un tel afflux d'élèves, une prospérité si régulièrement démontrée avaient désarmé les dernières résistances. Et, de l'aveu général, des étrangers comme des indigènes, malgré les efforts de quelques-uns à rabaisser le mérite du chef en l'attribuant à sa robe plus encore qu'à son habileté professionnelle, ce succès était sans contestation possible l'œuvre propre de l'abbé Follioley. Il est l'âme du lycée. « L'homme et la situation semblent faits l'un pour l'autre », et son départ de Laval serait un désastre. Je n'invente ni les mots ni les phrases ; je me contente de les copier un peu partout.

Comme à Lesneven, plus encore qu'à Lesneven, la maison se trouva de bonne heure trop petite pour loger ce régiment d'élèves qui grossissait à chaque étape. D'ailleurs le vieux couvent, même avec ses annexes, était si resserré ! Il fallut donc bâtir, convaincre d'abord le conseil municipal, fléchir ensuite les bureaux du ministère, qui n'accordent qu'à bon escient et après enquêtes réitérées les crédits indispensables. Tant qu'il ne s'agit que de transformer des pièces inoccupées en dortoirs ou d'ériger un gymnase de plein air à la dignité de cour de récréation, cela ne souffrit pas de grandes difficultés. Mais dès qu'il fut question de créer de toutes pièces un quartier nouveau, un spacieux mais très coûteux appendice, l'administration supérieure, qui distribue les satisfecit plus généreusement que les subventions, fit attendre les cinquante mille francs nécessaires. L'abbé Follioley les eut enfin, comme aussi les cinquante mille francs de la ville de Laval. La cause était d'ailleurs trop bonne pour qu'il ne la gagnât pas devant l'une et l'autre juridiction. Le lycée justement possédait, et possède encore d'immenses jardins contigus, grands comme un parc de château rural, où s'édifièrent coup sur coup un bâtiment de quarante mètres de long, avec des études hautes et claires, des dortoirs parfaitement aérés et jusqu'à de larges escaliers — luxe inconnu dans le vieux lycée —, une cour des plus vastes, dite des petits moyens, et, par surcroît, une salle de concert qui ne laissa pas d'aider pour sa part au recrutement de la gent écolière.

Il fut même question en 1878 de fonder un petit lycée d'enseignement spécial et de classes élémentaires jusqu'à la sixième classique, une sorte de succursale du grand, à Mayenne, au centre d'un arrondissement peuplé et favorable à l'éducation universitaire. Le projet n'aboutit pas. Par contre, pour dégager d'autant le grand lycée et porter la concurrence au cœur même de la clientèle adverse, l'abbé Follioley obtint en 1881 de l'Etat et de la Ville que l'on construisît un petit lycée sur la rive gauche de la Mayenne. Ce petit lycée fut ouvert à la rentrée de 1885. La conception, à supposer qu'elle émanât de l'abbé Follioley, ne fut pas des plus heureuses, si j'en crois les rumeurs venues de là-bas. Ce qui à la rigueur pouvait se comprendre en raison d'une population extraordinaire de près de six cents élèves devenait dispendieux et en partie inutile avec un effectif normal — et toujours possible — de trois cent cinquante à quatre cents élèves, dans une ville de seulement trente mille âmes. Et je me suis laissé dire que ç'avait été une erreur dont on continuait de rendre comptable un proviseur trop ambitieux et insouciant de l'avenir.

Il me déplairait d'insister sur cette partie toute matérielle de l'œuvre de l'abbé Follioley. C'est un mérite en somme assez commun que d'obtenir de larges dotations et de fournir de besogne les architectes, surtout quand l'accroissement de l'effectif scolaire et l'intérêt bien entendu des villes concourent à agrandir les lycées prospères. Autre chose est d'y réunir, d'y retenir un corps de professeurs et de maîtres qui forme un tout bien homogène, seconde par l'excellence de l'enseignement et de l'éducation l'activité du chef et contribue pour une large part au bon renom de la maison commune. Encore qu'il n'eût point alors, comme il les eut plus tard, ses coudées franches et qu'il éprouvât souvent l'amertume des refus officiels, l'abbé Follioley sut apporter dans le choix de son personnel une vigilance toujours inquiète et souvent heureuse. Il fit des mécontents, ayant fait des victimes. Comment en eût-il pu être autrement? On ne gagne pas de batailles sans sacrifier des hommes. Je doute que, dans les éliminations qu'il dut opérer, il ait, comme je l'ai entendu dire, obéi à des rancunes personnelles, et sais, au contraire, pour en avoir tenu sous la main des preuves multiples, qu'il fut presque toujours guidé par le souci des intérêts supérieurs dont il avait la charge.

A vrai dire, tout n'était pas pour le mieux au lycée de Laval quand il y arriva, aussi bien dans l'administration intérieure que dans le corps enseignant. Ainsi les maîtres d'études. J'en ai connu une bonne vingtaine. A trente ans de distance, je revois, comme si c'était hier, leurs bizarreries ou leurs méfaits, et la plume me démange d'en croquer quelques-uns dans cette extraordinaire galerie, depuis l'homme aux moustaches jaunes jusqu'à l'émule de Musset, absinthe comprise. Mais cela m'entraînerait trop loin. Ce que je veux et dois dire, c'est ce que j'ai pu lire dans la correspondance volumineuse que j'ai dépouillée, deux choses seulement, à savoir le soin incessant que prend l'abbé Follioley, en dépit des difficultés d'un bon recrutement, pour améliorer son personnel de surveillants, et, ce qui forme l'heureuse contrepartie d'une sévérité nécessaire, ses louables et constants efforts pour aboutir, non à des exclusions, mais à des déplacements, et pour rechercher ardemment à ses victimes des postes équivalents.

Il y avait d'excellents professeurs au lycée de Laval ; l'abbé Follioley les garda tant qu'ils voulurent rester. Il en était de moins bons ; tel ce vieux régent qui divisait ses élèves en « chouans » et en « bleus » — en plein Maine ! —, tel ce vilain père Hamm qui ne trouvait rien de plus spirituel, après nos désastres de 1870, que de chanter sur le mode lyrique la supériorité de ses frères Teutons. Inutile de dire qu'au moment voulu, par les voies douces ou même rigoureuses, l'abbé Follioley se priva de leurs services. Ses collègues eussent fait de même. Mais — et c'est là surtout où je voulais en venir — chaque départ ou régulier ou forcé apportait le plus souvent une mutation heureuse, un gain pour l'ensemble. Et ce n'était pas le hasard seul qui présidait aux nominations officielles ; il y avait dans la coulisse, pour préparer les voies, un éclaireur très averti qui évoquait les candidatures, conduisait ses enquêtes, allait de toutes parts aux informations, soupesait les titres, arrêtait, si j'ose dire, même avant le grade obtenu, les jeunes agrégés en quête de poste, les attirait en sa souricière de Laval. Cet éclaireur sagace, c'était, cela va sans dire, l'abbé Follioley. Sans choisir lui-même, comme on prétend qu'il fit plus tard, il préparait les choix. Et je sais bon nombre d'élus qui n'oublièrent jamais ces bons offices, doux d'ordinaire aux débutants, pas plus qu'ils n'ont oublié les effets subséquents de son inlassable bienveillance. Oh ! il ne s'y employait pas toujours du premier coup, il rêvait volontiers un personnel immuable... à condition qu'il fût excellent ; il gémissait, souffrait de ces départs en cours d'année qui désorganisent les classes, il hésitait, en *beatus possidens*, à se séparer d'un maître éprouvé ; il se laissait volontiers forcer la main ; il était homme, proviseur, je veux dire. Il finissait d'ordinaire par céder — lorsque lui-même n'avait pas pris les devants — et il trouvait plus tard d'excellents moyens de pallier les susceptibilités qu'avaient provoquées ses lenteurs administratives et son attachement excessif pour ceux qui avaient intérêt à le quitter. De la sorte il avait autour de lui un ensemble vraiment homogène, un corps de professeurs et de maîtres qui pouvait marcher de pair avec celui de maisons plus importantes. Je pourrais citer dix, vingt noms. A quoi bon ? Je n'ajouterais rien au mérite des meilleurs et risquerais de paraître injuste pour de modestes, mais utiles collaborations. Un nom pourtant me vient au bout de la plume, celui hélas ! d'un disparu — il est mort prématurément quelques mois après son ancien proviseur —, celui du fin et délicat poète des *Tendresses* et de *la Route fraternelle,* Emile Trolliet, qui, avant de se faire à Paris, dans l'enseignement et dans les lettres, une place si enviée, avait à Laval formé — et conquis — plusieurs générations de rhétoriciens.

Sous une telle direction, avec de tels maîtres, il était difficile que Laval fût un lycée où le travail régulier et les succès scolaires ne fussent pas en honneur. La grosse maison était devenue du même coup une bonne maison. Les bacheliers s'y faisaient par douzaines (on en compta plus de soixante une année), et l'abbé Follioley, confident avisé des familles, y donnait tous ses soins, activant la préparation, créant des cours de vacances, et ne dédaignant pas d'aller en personne à Rennes ranimer les courages éperdus. Dures campagnes parfois, mais devant lesquelles il ne recula jamais et qui avaient de réconfortants lendemains.

Il y avait en ce temps-là, à Rennes, des concours académiques pour la plupart des classes depuis la sixième. Le lycée de Laval y brillait d'ordinaire au premier rang. En 1878, il n'y remporta pas moins de onze prix, dont le prix d'honneur, et de vingt-quatre accessits. La légende raconte qu'il y eut en ces temps-là une certaine classe des « quatre S », *quorum pars parva fui*, qui fit souvent mordre la poussière aux plus redoutables champions de l'Académie — onze copies sur douze couronnées en rhétorique, — et que je n'aurais pas eu la fatuité de tirer de son passé si sa gloire toute scolaire, encore vivace au pays du Maine, n'était demeurée étroitement unie au lycée de Laval et à son vaillant proviseur d'alors.

Dès lors aussi les lauriers du Concours général empêchèrent de dormir les lycéens Lavallois. Ils y furent régulièrement heureux en un temps où les matières à concours étaient peu nombreuses, et le palmarès a là quelques belles pages. Notre excellent professeur de philosophie, M. Peltier, y peut encore lire pour son compte deux prix et cinq accessits.

On y prit de plus en plus le goût des grandes écoles (1). Dans les dernières années de sa direction, l'abbé Follioley y créa même un cours de Saint-Cyr.

(1) C'est à cette génération qu'appartiennent le commandant Charbonnier et l'ingénieur Babon, anciens élèves de l'Ecole polytechnique ; le capitaine Regad, le commandant Adrien Surer, le capitaine Toutain, d'autres encore, sortis de l'Ecole de Saint-Cyr.

Ce qu'on y fit surtout en ces temps-là, ce furent des professeurs, et l'on put dire du lycée de Laval qu'il était devenu, au sens premier du mot, bien entendu, « l'un des séminaires de l'Université. ». Sous la vive impulsion de l'abbé Follioley ce devint une tradition quasi ininterrompue qu'il y eût toujours un Lavallois à l'Ecole normale supérieure. Il s'en trouva même jusqu'à trois à la fois (1). Pour tous, ou presque tous, l'abbé Follioley fut ou l'initiateur ou un conseiller précieux ; il éveilla ou entretint les vocations, aplanit les voies ; il continua d'être à distance le bon et dévoué proviseur. Nous savons que Bersot tenait en estime particulière celui qui payait ainsi, de la façon la plus éclairée, sa dette à l'Université et qui, n'ayant pu être lui-même norma-

(1) Sont entrés à l'Ecole normale supérieure : Albert David-Sauvageot (1878), dont plusieurs ouvrages ont été couronnés par l'Académie française et qui est mort prématurément en 1899, professeur de rhétorique supérieure au collège Stanislas ; Frédéric Houssay (1879), aujourd'hui maitre de conférences de zoologie à la Sorbonne ; Georges Savary (1881), mort en 1886 professeur d'histoire au lycée de Laval ; Emile Sinoir (1882), professeur de rhétorique au lycée de Laval depuis tantôt vingt ans ; Auguste Salles (1882) ; Louis Gallouédec (1885), professeur d'histoire au lycée Charlemagne et membre du Conseil supérieur ; Edmond Surer (1886), professeur de première au lycée de Montpellier ; Paul Rolland (1887), professeur de première au lycée de Rennes ; Robert de Martonne (1888), professeur au lycée de Caen ; Douxami (1889), maitre de conférences de géologie à la Faculté de Lille, et, dans la génération suivante, Jules Cholet et Emmanuel de Martonne (1892), et Carle Bahon (1893). Beaucoup d'autres passèrent par les Facultés, comme Le Bansais, professeur de philosophie au lycée Saint-Louis, Ludovic Dugas, professeur de philosophie au lycée de Caen, G. Derennes, mort inspecteur d'Académie à Guéret, Dottin, Oger, Védier, Labbé, Bellier-Dumaine, etc... Aux environs de 1882, une vingtaine d'élèves étaient entrés ou se disposaient à entrer dans l'Université.

lien, faisait entrer à la rue d'Ulm les meilleurs de ses élèves.

Il semble bien qu'un lycée où l'on travaillait ferme ne pût être suspect de discipline molle et relâchée. Pourtant j'ai maintes fois entendu railler ou même critiquer de façon acerbe la coupable mansuétude de l'abbé Follioley. Je n'ai rien constaté de tel pour mon compte ; ni moi, ni bien d'autres. Vue dans son ensemble, et non en quelques détails, si facilement travestis par les colères d'un maître ou le mécontentement d'un père de famille, la discipline était à Laval à peu près ce qu'elle était ailleurs, douce sans faiblesse, plus portée aux avertissements successifs qu'aux renvois brutaux. Le moins possible de caporalisme ; une application « avant la lettre » des méthodes mitigées chères à M. Marion et à son école. Mais on sentait bien que l'œil du maître n'était jamais loin, et il ne faisait pas bon comparaître devant le grand chef. J'en sais qui n'ont point oublié ses dures mercuriales. Ceux qui se plaignaient le plus volontiers de la faiblesse du proviseur, c'étaient certains maîtres d'études, et pour cause, car ils avaient le verbe coloré parfois et la retenue de promenade sans cesse au bout des lèvres.

L'abbé Follioley tenait par principe à ce que son lycée ne ressseinblât point à une geôle. Il admettait, encourageait même de sa présence toute sorte de délassements licites. Nous avions une fanfare, une vraie fanfare, nombreuse et bien exercée, qui faisait bonne figure aux processions de la Fête-Dieu —

c'était en 1875 — et qui avait certes grand air, les jours de parade, à travers les rues paisibles de notre vieux Laval. Nous eûmes même un orchestre. Et chaque trimestre, nos concerts attiraient au lycée une société choisie où il n'y avait pas que des mamans d'élèves.

Nous faisions de plus l'exercice militaire deux fois par semaine, à la caserne même, sous le commandement de vrais officiers, et l'abbé Follioley passait lui-même la revue d'habillement (1). Ce n'était point du tout ridicule. Et j'ai idée que le jour où MM. les Inspecteurs généraux purent dire qu'ils n'avaient oncques vu plus beau défilé que celui de notre petit régiment lavallois, le jour aussi où le colonel Rieu, chargé de l'inspection des exercices militaires, donna, dans son classement, le numéro un au lycée de Laval, le fils d'officier devenu proviseur en dut avoir un tressaillement d'aise, comme eût fait un vieux grognard. C'est toujours le mot de Montaigne. Tel fait des « essais » qui ne peut des « effets ».

Bref, son administration fut féconde entre toutes. Les rapports de ses chefs sont unanimes sur ce point. C'est un concert d'éloges annuels, et presque

(1) « J'estime que le caractère et le cœur en retirent de réels profits. Quand, en dépit de la mobilité et de la vivacité naturelles à leur âge, je vois ces petits soldats de quinze ans tranquilles et silencieux dans le rang, réglés et fermes dans leur allure, soumis à l'ordre d'un camarade décoré d'un galon d'or ou de laine, je me dis qu'ils reçoivent et qu'ils acceptent une des meilleures et des plus fécondes leçons morales qu'on puisse leur donner au lycée ». (Discours de distribution de prix, 1883.)

sans réserves. Il lui arriva une fois pourtant d'encourir un avertissement ministériel. Il dépensait sans assez compter, contrôlait de façon nonchalante, et les paiements de pensions manquaient de régularité. Peut-être n'eut-il jamais le sens exact de l'administration matérielle. Il n'y a pas de proviseurs parfaits.

« Il plaît à tout le monde », disait alors un de ses chefs. Ce ne fut pas toujours vrai. Bien qu'il eût sans conteste l'art de se faire bien voir, il rencontra sur son chemin deux sortes d'adversaires, qui, ouvertement ou par voies obliques, menèrent contre lui d'ardentes campagnes. C'étaient d'abord ceux dont, prêtre, mais prêtre universitaire, il contrariait les plans, amoindrissait le crédit, ruinait les espérances, en dépeuplant leurs maisons, en leur ôtant peu à peu la confiance des familles. Ceux-là ne désarmèrent point, mais sans jamais réussir à l'entamer. Les autres faillirent le décontenancer. C'étaient des amis du lycée, des républicains dits d'avant-garde, qui l'attaquèrent avec virulence dans les journaux vers 1880 et 1881. L'un d'eux, qui ne manquait ni de verve ni de bile, ne s'avisa-t-il pas de l'appeler tout bonnement « un demi-jésuite du demi-monde ultramontain (1) »? Passe encore que certains journaux parisiens se fussent livrés à de telles saillies; mais à Laval, au cœur même de son fief universitaire! L'abbé, tout journaliste qu'il eût été, en demeura tout abasourdi. Déjà,

(1) *Avenir de la Mayenne*, 10-11 mai 1880. « *Les faux universitaires* ».

quelques mois avant, étant président de la commission d'examen du brevet élémentaire des jeunes filles, n'eut-il pas un jour l'idée, avec quelques collègues, de toucher au coefficient d'une des compositions écrites ? Les intéressées poussèrent les hauts cris : il y eut enquête, examen recommencé, et « l'éreintement » obligatoire dans les journaux. Il paraît que l'abbé Follioley « n'avait pas assez ménagé certaines susceptibilités ». Cela arrive, même aux plus fins diplomates. On ne saura jamais ce qu'une petite ville de province contient d'épidermes sensibles. Sans attacher plus d'importance qu'il ne convient à ces inévitables froissements, il me sera permis de conclure, avec un Lavallois des plus autorisés, que « l'inimitié de certains détracteurs tenait à des causes particulières et personnelles qui honoraient l'abbé Follioley ».

Le succès de l'abbé Follioley, attesté par l'accroissement du nombre des élèves et par la solidité des études, confirmé chaque année par l'Inspection générale, ne pouvait manquer d'attirer sur sa personne les récompenses administratives. Il fut fait officier de l'Instruction publique le 29 décembre 1874, obtint sa première classe personnelle l'an suivant, le 27 décembre 1875 et, ce qui ajoutait au prix de cette nomination exceptionnelle, par l'unanimité des membres du Comité. De divers côtés on sollicitait pour lui la croix de chevalier de la Légion d'honneur. M. Casimir-Périer, sous-secrétaire d'Etat de l'Instruction publique, avait regretté en janvier 1879 de ne pouvoir la lui accorder; de même Jules Ferry, trois ans plus tard. On lui opposait son peu d'ancienneté comparativement à d'autres proviseurs; on hésitait encore à cause de la soutane — cette soutane dont il a été dit qu'il lui devait tant, comme Ducis à son habit, — à cause aussi des criailleries probables de la presse; on alla même jusqu'à déterrer dans son *Histoire de la littérature française au XVIIe siècle* d'excessives sévérités à l'égard des Jansénistes. Proposé par le recteur de Rennes et par le comité des Inspecteurs généraux, hautement appuyé par le préfet, par les sénateurs et députés républicains de la Mayenne, unanimes à le recommander chaleureusement à la bienveillance du ministre, l'abbé Follioley reçut en juillet 1883 la croix de la Légion d'honneur, « l'unique récompense qu'il ait ambitionnée ». Elle payait de son vrai prix vingt années d'heureuses campagnes et de services éclatants, et montrait ainsi, suivant l'expression d'un Inspecteur général, « qu'un ecclésiastique peut donner son concours à l'œuvre de l'éducation laïque, être décoré pour d'éminents services publics, sans rompre avec l'Eglise concordataire et sans se soucier de celle qui ne l'est pas. »

Le plus naturellement du monde, dès qu'un provisorat important, de gestion difficile surtout, devenait vacant, la candidature de l'abbé Follioley se posait d'elle-même. Et, comme l'abbé Follioley possédait « une imagination peu capable de se reposer dans le succès ». comme d'ailleurs il ne poussait pas la modestie et la candeur jusqu'à s'interdire de briguer des charges de plus en plus hautes, il se laissait proposer, quitte à refuser les postes offerts, comme Rennes en 1875, comme Nantes en 1877. Il songea à Douai en 1877 ; il eût accepté Orléans en 1882. Il avait d'assez bonne heure jeté son dévolu sur le lycée de Caen, que gouvernait depuis tantôt vingt ans un prêtre de grand renom, l'abbé Desprez. Il avait sur l'alliance d'une direction ecclésiastique et d'un personnel laïque une théorie toute faite, à laquelle il rattachait, comme un corollaire tout indiqué, la succession de l'abbé Desprez attribuée à l'abbé Follioley. D'autant qu'en ce coin de Normandie l'hostilité contre l'Université était moins ardente qu'ailleurs, et qu'après dix années de luttes souvent acharnées, l'abbé Follioley se croyait en droit d'aspirer à un lycée de tout repos. On lui avait d'ailleurs, à mainte reprise, permis d'espérer Caen. Cependant l'abbé Desprez n'était qu'à demi pressé de prendre sa retraite. Quand il la prit, en 1881, ce n'est point à l'abbé Follioley qu'échut sa succession. Il en fut écarté, non pour des motifs professionnels, mais surtout à cause de son caractère de prêtre (1). Il ressentit de façon assez vive cet échec, qui déroutait une longue suite d'espérances. Il y fut appelé pourtant cinq ans

(1) « Nous ne sommes plus que deux proviseurs prêtres, et pour quelques-uns c'est encore trop ». (Lettre de l'abbé Desprez à l'abbé Follioley.)

plus tard, aux vacances de 1886. Sa nomination avait été proposée par l'unanimité des Inspecteurs généraux et par le recteur de l'académie. Fidèle à son rêve, il l'accepta, quoiqu'elle ne constituât pour lui ni un avantage matériel ni un avancement hiérarchique. Il avait alors cinquante ans.

VII

LE LYCÉE DE CAEN

(3 août 1886 - 14 août 1890)

Je serai bref sur le séjour, ou plutôt sur le passage de l'abbé Follioley à Caen. Si sa réputation n'y perdit rien, elle n'en fut point accrue ; et dans les carrières administratives plus que dans le reste, qui n'avance point recule. L'abbé Follioley avait été comme hypnotisé par Caen : lycée splendide, succession tentante, gestion facile, au siège de l'académie. Il était volontiers de ceux qui s'attachent à leurs idées ou même à leurs rêves. Il se trompa sur ce point — c'est mon opinion du moins — et je ne serais pas surpris que, pressé d'un peu près, il n'eût reconnu son erreur.

Le tempérament positif et froid du Normand ne devait lui plaire qu'à demi. Si à Laval on ne se livre que lentement, à Caen et autres lieux on reste à distance, pour observer et s'observer, rarement pour se donner à un étranger. De plus, le lycée de Caen n'avait pas besoin de sauveur : M. Rousselot, qui l'avait reçu légèrement amoindri des mains de l'abbé Desprez vieillissant, l'avait maintenu en bonne voie, à son taux normal ; il était, il est toujours difficile qu'il s'étende et s'amplifie, bordé comme il est de bons collèges — Bayeux, Vire, Condé-sur-Noireau, Falaise, Argentan, Lisieux, Honfleur —, forteresses avancées qui arrêtent l'ennemi, je veux dire l'écolier. Et puis, ce sont choses qu'il faut bien dire, l'abbé Follioley n'était pas très à sa place au siège d'une académie. Pour aller son train, il avait besoin qu'on lui laissât quelque peu la bride sur le cou et qu'on ne lui imposât point d'œillères ; il était mal préparé et sans doute peu fait à la stricte subordination. Il avait eu jusqu'ici à régler les affaires administratives avec des supérieurs, recteur et inspecteur d'académie, qui le laissaient amicalement faire parce qu'il faisait presque toujours bien. Il rencontra à Caen des supérieurs, plus jeunes que lui, qui n'eurent point pour lui la même condescendance. Il ne témoigna point à l'inspecteur d'académie la déférence voulue, considérant sans doute l'inspection d'académie, surtout dans une ville comme Caen où le lycée est aux portes du rectorat, comme un rouage intermédiaire dont l'utilité pratique n'est pas absolument démontrée (1). Il avait tort hiérarchiquement, et on le lui fit voir.

Il avait eu d'ailleurs, en arrivant à Caen, ce

(1) L'abbé Follioley a développé tout au long ses idées à ce sujet dans sa déposition devant la commission d'enquête sur l'Enseignement secondaire. V. aux Annexes, à la fin de ce volume.

qu'on appelle communément une mauvaise presse. Les journaux avancés de Paris, la *France*, la *Lanterne*, le *Petit Parisien*, avaient, en d'ardents entrefilets, protesté contre sa nomination et malmené le ministre, M. Goblet, coupable d'avoir « entricorné » un lycée de France. Un journal alla même jusqu'à l'accuser d'avoir poussé jadis au suicide un de ses surveillants généraux, ce qui n'était — tous les Lavallois le savent de reste — qu'une abominable calomnie. Il fut question d'une interpellation à la Chambre. L'abbé Follioley dut demander une audience au ministre. Les journaux se turent.

Au demeurant, toutes ces difficultés — et d'autres encore sans doute, dont je n'ai point eu confidence — n'empêchèrent point l'abbé Follioley d'être à Caen ce qu'il avait été à Laval, un proviseur excellent, soigneux du bon recrutement de sa maison (1), des classes supérieures surtout, qu'il cherchait à rendre tout à fait dignes d'un lycée d'académie, constamment préoccupé de former un ensemble de professeurs irréprochables, et passé maître en l'art de bien connaître son monde d'écoliers. Il y continuait d'être, suivant le mot d'un de ses juges, « un de nos meilleurs proviseurs ».

Toutefois, il comprit d'assez bonne heure qu'il avait lâché la proie pour l'ombre. Il se mit à regretter Laval et à écrire, paraît-il, des lettres mélancoliques. Il se laissa proposer pour un évêché, ce qui semblait

(1) Le lycée s'accrut d'une centaine d'élèves sous sa direction. Je n'ai pu me procurer les chiffres officiels.

indiquer un commencement de lassitude. Il se remit à écouter les bruits du dehors. Justement, en 1890, le lycée de Nantes, qu'il avait jadis refusé, se trouva vacant. « Ah ! si l'abbé Follioley n'était pas abbé, disait en 1875 ce bon M. Quet, de joviale mémoire... mais une soutane les effraierait ». Quinze ans plus tard, c'était un autre Inspecteur général, M. Vacquant, qui écrivait : « Ah ! si M. Follioley voulait aller à Nantes ! C'est le seul proviseur qui puisse relever ce lycée. » C'était M. Jarry, puis M. Rivaud, un préfet on ne peut moins clérical, qui, ayant connu l'abbé Follioley à Caen, s'entremettait habilement pour l'attirer à Nantes. Et sans doute aussi le directeur de l'Enseignement secondaire, M. Rabier, et finalement le ministre, M. Bourgeois. Les Nantais, cette fois, ne furent plus effrayés par sa soutane. Leur lycée était tout à fait tombé et à relever des fondements au faîte. L'abbé Follioley y courut.

VIII

LE LYCÉE DE NANTES

(14 août 1890-7 avril 1898)

L'abbé Follioley dirigea le lycée de Nantes pendant un peu moins de huit ans, de 1890 à 1898. Je doute qu'il y ait eu, dans les fastes universitaires, un provisorat aussi remarquable, aussi extraordinaire. Cela tint du prodige. Pour le raconter, je n'ai qu'à suivre pas à pas, sans y rien changer d'essentiel, les notes abondantes et précises qu'a bien voulu m'adresser un témoin impartial de son œuvre et un collaborateur très averti, M. le professeur Treille.

Au vu et su de tous, au moment où l'abbé Follioley arriva à Nantes, le lycée était depuis dix ans, quinze ans, plus qu'en stagnation (1) ; c'était la

(1) Voici des chiffres officiels :

En 1873, le lycée comptait	616 élèves		En 1883, le lycée comptait	564 élèves		
— 1876,	—	525 —	— 1884,	—	504 —	
— 1877,	—	508 —	— 1887,	—	569 —	
— 1878,	—	552 —	— 1888,	—	539 —	
— 1879,	—	620 —	— 1889,	—	490 —	
— 1882,	—	596 —	— 1890,	—	480 —	

soit presque cent élèves de moins qu'à Laval, qui n'est qu'une ville de 30.000 âmes.

décadence pleine, avouée, reconnue, vainement déplorée. Aucun des proviseurs qui s'y étaient succédé, quel que fût son mérite personnel, n'avait eu ou le temps, ou les qualités nécessaires, ou l'heureuse chance de remonter le courant. C'est qu'à Nantes et dans la région nantaise l'enseignement libre dominait en maître presque absolu : six ou sept établissements ecclésiastiques, dont trois ou quatre très florissants, avaient peu à peu attiré à eux toute la jeunesse, y compris les enfants de la bourgeoisie et du commerce, clientèle autrefois fidèle à l'Université ; en ce pays tout imprégné de foi et de traditions religieuses, le clergé local, puissant, remuant, militant, réussissait sans peine à détourner du lycée, suspect de tiédeur ou d'indifférence en matière de religion, les consciences inquiètes ou timorées. Cependant le lycée se défendait tout seul, comme il pouvait, par lui-même et par ses œuvres, sans autres avocats que ses propres fonctionnaires, inhabiles à se vanter eux-mêmes, par modestie et par bon goût, et un petit nombre d'amis clairsemés de l'Université, peu capables de vaincre les suspicions habilement entretenues et la masse compacte des préventions hostiles.

A ces causes générales de défaveur, qu'avivait encore la participation de quelques professeurs aux luttes journalières de la politique, il faut joindre une raison toute locale, l'air de vétusté et de délabrement du lycée, cependant que les établissements rivaux, neufs ou rajeunis, offraient aux familles les multiples tentations de l'espace, de la lumière et du confort.

Ainsi déclinait le lycée d'une ville de plus de cent mille âmes, toujours attaqué et mal défendu, peu propre aussi à se défendre. Le recrutement ne se faisait pour ainsi dire plus.

... Rari *Nantais* in gurgite vasto,

comme s'exclamait la verve facile de Paul de Cassagnac. « Le bourbier de Nantes », pour employer le mot énergique d'un Universitaire. Le découragement commençait à atteindre les vieux maîtres eux-mêmes, à demi humiliés d'un discrédit dont ils étaient les témoins impuissants.

L'abbé Follioley arrive. « Il disait plaisamment qu'on l'appelait *in extremis*, comme l'aumônier des dernières prières. En fait, il était plutôt le médecin heureux des cas désespérés (1). » Cela est surtout vrai de Nantes. A peine arrivé, tout change, comme en un clin d'œil. C'est la métamorphose inespérée, la résurrection et la vie. Cinq mois avant l'arrivée de l'abbé Follioley, au tableau du 1er mai 1890, le lycée de Nantes comptait exactement soixante-et-un internes, cinquante-deux demi-pensionnaires et trois cent soixant-sept externes, en tout quatre cent quatre-vingts élèves. Six mois après, il en comptait cinq cent cinquante-trois, et dix-huit mois après sept cent

(1) Article d'André Balz dans la *Revue Universitaire* du 15 novembre 1902.

soixante-dix-huit ; puis neuf cents ; puis mille quatre en 1894 ; puis mille vingt-cinq ; puis mille soixante en 1898. En moins de quatre ans il avait plus que doublé ! Et la légende veut, de plus, que l'abbé Follioley, si acharné, dit-on, à courir après les gros bataillons, ait débuté par faire le sacrifice d'un tiers de sa soixantaine d'internes ! Tel est le fait indéniable, brutal : un lycée reconquis, non petit à petit, morceau par morceau, mais par bonds gigantesques, par poussées si constantes et si fortes que le lycée, tout flambant neuf, se trouva bientôt trop étroit pour contenir cet énorme afflux de population scolaire.

Ni la reconstruction du lycée qui dura six ans (1886-1892), avec la belle ordonnance de ses bâtiments neufs, ni un retour d'opinion vers les établissements de l'Etat ne sauraient expliquer que dans une faible mesure, dans une proportion infinitésimale, l'essor nouveau du lycée de Nantes. La vraie cause de cette renaissance — et sur ce point je ne sache pas qu'il y ait eu contestation, qu'il puisse même y avoir de discordance possible —, c'est à la personne même de l'abbé Follioley qu'il la faut rapporter, à son expérience consommée de chef de maison, à sa direction éclairée, à la prestigieuse autorité de sa personne et de sa parole, à sa volonté énergique de mener à bien et jusqu'au bout l'œuvre de relèvement qui lui avait été confiée.

Oh ! ce ne fut point sans de longues luttes qu'il gagna cette glorieuse bataille, sa dernière. Il savait d'ailleurs, et de longue date, et par compétence professionnelle, et par les confidences de son vieil ami, M. Jarry, son recteur, les multiples écueils auxquels il allait inévitablement se heurter. Il n'ignorait pas que le terrain nantais était fuyant et glissant entre tous. Il n'en fut point effrayé. Sachant combattre, il n'avait point peur d'être combattu. Il avait du sang de soldat dans les veines, et il était véritablement taillé pour les belles chevauchées d'armes. Que sa robe de prêtre offusquât quelques radicaux, dont l'un d'eux, et non des moindres, et par surcroît ancien élève du lycée de Nantes, M. Clémenceau, exprima à la tribune au ministre d'alors sa surprise et son mécontentement d'un tel choix, il ne s'en préoccupait pas autrement, sûr que son passé répondait pour lui, et qu'il avait dans le parti républicain, à Laval, à Paris et bientôt à Nantes, et chez les hommes politiques, et chez les ministres ou anciens ministres, assez de garants sérieux de son libéralisme et de son loyalisme politique. Mais il se doutait bien que sa qualité de prêtre, et plus encore ses succès de proviseur, susciteraient de l'autre côté de pieuses colères et des inimitiés, voire même des haines tenaces. Il savait d'avance que les langues s'exerceraient à ses dépens, que sa situation de prêtre au service de l'Université — le seul qui subsistât encore en 1890, — un « fossile », disait-il lui-même en plaisantant — lui attireraient les épithètes diaboliques de « déserteur », de « prêtre laïque », de « faux-frère ». Colères et outrages, attaques au grand jour ou calomnies venimeuses qui se glissent sous le manteau (1), tout cela, et le reste, ne lui fut point épargné. On vit un président de cercle catholique insinuer qu'il n'était qu'un prêtre « intermittent ». Le mot était joli, si l'insinuation était méchante. On prétend que de bonnes dévotes se signaient quand elles le rencontraient dans la rue, comme s'il eût été un suppôt de l'Antechrist. Il parut aussi une diatribe imprimée — pamphlet d'ailleurs assez plat — où était stigmatisé de la belle façon « le péché de Nantes » ; le « péché de Nantes », c'était l'estime et la confiance singulière que Nantes accordait à son nouveau proviseur. L'abbé Follioley connut ces petites misères et n'en fut point un instant décontenancé. Bien résolu à ne faire aux établissements rivaux qu'une concurrence loyale, il se rendit compte de bonne heure qu'il gagnerait sa cause auprès des familles que n'aveugle point l'esprit de parti. Il la gagna, et c'est sans doute ce qu'on lui pardonnait le moins. Il alla même jusqu'à ne point désespérer, sinon de désarmer les préventions les plus hostiles — celles-là ne désarment jamais —, du moins de se faire rendre justice par ses adversaires. Ce sont illusions auxquelles se complaisent les forts. Il réussit toutefois à entretenir de bonnes relations avec son évêque, Mgr Lecoq, puis Mgr Laroche, et avec certaines personnalités, et non des moindres, du clergé nantais.

Par contre, auprès des personnalités les plus

(1) « Ah ! les haines, les jalousies, les petitesses du monde ecclésiastique ! Elles sont décidément pires que celles du « *Siècle* », comme on disait jadis ». (Lettre d'un correspondant, 1894.)

autorisées de Nantes et du département, préfet, maire, députés, conseillers généraux, notables, l'abbé Follioley obtint les concours les plus empressés et s'acquit les plus chaudes sympathies. J'en sais de nombreux et éclatants témoignages.

« J'ai un souvenir très vif et très présent, écrit M. Treille, de la première rencontre entre notre nouveau proviseur en robe de prêtre et l'assemblée des professeurs de tout ordre et de toute classe. La première chose qui nous frappa, ce fut l'aisance, non sans dignité, avec laquelle il présida et nous fit part des raisons qui l'avaient engagé à accepter la lourde tâche du relèvement du lycée de Nantes. L'amitié de M. le recteur Jarry, la confiance de ses chefs universitaires, la conscience d'un devoir à remplir et d'un service qu'il espérait pouvoir rendre l'avaient encouragé, puis décidé. De ses succès passés à Laval ou ailleurs, pas un mot : il s'en rapportait avec bon goût à la renommée. Mais des conditions auxquelles il était venu à Nantes il nous entretint avec plus de complaisance. Il tenait à nous faire savoir qu'en haut lieu on lui avait, non pas sans doute donné carte blanche, mais promis de tenir le plus grand compte des rapports qu'il ferait sur les services de ses collaborateurs pour les récompenser, aussi bien que des demandes qu'il ferait pour améliorer les divers services de la maison. Il dit ces choses simplement, sans enfler la voix, non pour faire valoir son crédit par vanité, mais uniquement parce que cela était vrai. »

En réalité, il avait reçu de pleins pouvoirs pour

apporter à Nantes toutes les mutations jugées par lui nécessaires. Et l'on conçoit sans peine qu'avant d'accepter une si lourde tâche, il les ait exigés et qu'on les lui ait accordés. Il en usa. Il se sépara de maîtres qu'il estimait ou nuisibles à son œuvre de réorganisation ou mal à leur place dans un lycée en voie de résurrection. Tous n'eurent point à se plaindre de ses rigueurs, et c'est tout ce que j'en veux dire. A Nantes comme ailleurs, il plaçait au premier rang de ses préoccupations la qualité de son personnel, « qu'il jugeait avec un réel discernement ». Son lycée était un peu sa chose, et il la soignait, l'entretenait avec la passion attentive de l'amateur de tulipes pour sa fleur préférée. Et tout cela, sans intervention abusive dans le domaine du professeur ; point d'étroitesse de vues ; point de ces tracasseries mesquines, de ces airs bourrus qui énervent les plus calmes. Mais une vigilance exercée de loin, à bon escient ; une façon délicate, jamais rude, d'appeler l'attention sur les côtés faibles ; une dispensation judicieuse de l'éloge ; bref, « une direction énergique qui peut beaucoup exiger parce qu'elle ne se ménage pas elle-même (1) ».

Son esprit était, en effet, infatigablement tendu vers toute mesure qui lui paraissait bonne pour porter à son apogée une prospérité déjà bien assise. De là, au fur et à mesure que la population augmentait, ces dédoublements de classes, de presque toutes

(1) Paroles de M. Gautier au banquet offert à Nantes à l'abbé Follioley, le 4 mai 1895.

les classes, que l'administration supérieure ne prodigue guère : de là ces créations d'exercices pratiques, de conférences, de « colles » établies partout où il était besoin : de là ces cours préparatoires aux grandes écoles, Polytechnique ou Saint-Cyr, solidement constitués et féconds en résultats (1), qu'il suivait d'un œil jaloux, et dont le renom était tel qu'ils attirèrent vite des départements voisins ou même éloignés des recrues de plus en plus abondantes.

A Nantes, comme ailleurs, il veillait à donner à ses élèves toutes les récréations nécessaires : il les aidait à créer des sociétés de jeux ; il avait plaisir à faire à ses visiteurs les honneurs de sa maison des champs, car le lycée possédait aux portes de Nantes, grâce à la libéralité de M. Durand-Gasselin, une charmante propriété, où les élèves s'en allaient de temps à autre se détendre l'esprit et se divertir. Mais les amusements ne venaient qu'après le travail, et le lycée était avant tout une ruche laborieuse, où l'on n'était plus à compter les succès de toute sorte.

Est-il vraiment besoin que je parle encore une fois de sa discipline ? Je vois, par plusieurs témoignages, qu'on la jugeait volontiers douce à l'excès, trop indulgente pour certaines fautes, toute imprégnée de bonté et, ajoute-t-on, de faiblesse. Mais, ce qui me rassure, c'est que ceux qui font ces réserves fournissent eux-mêmes, et de la même

(1) Le lycée de Nantes compta, dès 1894, dix élèves admissibles à Saint-Cyr, dont le major, et dix-huit en 1896.

encre, la contrepartie, à savoir que la discipline n'est généralement pas sévère dans l'Ouest, qu'en ces pratiques disciplinaires très adoucies, l'abbé Follioley ne faisait que devancer les principes nouveaux, et que tel Inspecteur général l'estimait excellente, la jugeant d'après la tenue et l'attitude des élèves.

Non nostrum inter vos tantas componere lites.

J'y renonce pour mon compte. Au surplus, elle n'eut point de si mauvais effets, puisque ceux qui l'éprouvèrent ont gardé de leur séjour au lycée des souvenirs doux et exempts de rancune, et que l'abbé Follioley, dans le cours de sa carrière, n'eut jamais à réprimer de ces révoltes, violentes en leur genre, qui compromettent pour longtemps parfois les destinées d'une maison prospère.

On comprend qu'avec les espérances des premiers jours et les brillants résultats du lendemain, la ville de Nantes et l'Etat, qui avaient entrepris en commun la reconstruction du lycée (1), se soient hâtés de l'achever, au point d'en faire un des plus beaux lycées de France. Il fut inauguré officiellement le 19 octobre 1892 par le ministre de l'Instruction publique, M. Léon Bourgeois, qui en cette circonstance paya publiquement à l'abbé Follioley un juste tribut d'hommages. Tout autant que le lycée

(1) L'idée de la reconstruction datait de 1882, et la première pierre en fut posée le 24 juillet 1886. Dans l'avant-projet du 12 juillet 1884, on ne consentit à prévoir que deux cent soixante internes et cent cinquante demi-pensionnaires.

reconstruit, l'abbé Follioley fut le héros de cette fête universitaire.

A la vue d'un palais aussi spacieux, il ne manquait pas de gens à Nantes, et jusque dans l'Université peut-être, pour douter malignement qu'il y eût jamais assez d'hôtes pour le remplir. Or, deux ans plus tard, la maison était pleine ; il n'y avait plus une place libre, et force fut de recourir de nouveau à l'architecte pour ajouter des ailes ou exhausser d'un étage les bâtiments devenus trop étroits. L'écho de ce succès extraordinaire porta partout dans l'Université de France le nom de l'abbé Follioley. C'est à cette date de 1895 (avril), et à l'occasion du centenaire de la fondation de l'Ecole normale supérieure que l'abbé Follioley fut élevé à la dignité d'officier de la Légion d'honneur. Jamais distinction, si rarement concédée aux proviseurs de province, ne parut plus méritée. Je ne sais comment fut libellé l'arrêté, mais il pouvait, sans exagération d'aucune espèce, signaler ses trente ans de direction universitaire et des services véritablement exceptionnels. On eût pu y joindre, comme aux décorations militaires, plusieurs blessures. Dans un banquet que présidait son vieil ami, M. Jarry, recteur de Rennes, le personnel du lycée, professeurs et maîtres répétiteurs étroitement unis pour cet acte de reconnaissance publique, offrit à l'abbé Follioley la croix d'officier de la Légion d'honneur enrichie de diamants, cependant qu'à Paris, en un cadre plus intime, ses amis d'enfance et ses anciens élèves joignaient aux éloges officiels les félicitations chaleureuses des générations passées (1).

Tout donc lui avait réussi à souhait : l'envie elle-même s'était tue. Il ne lui restait plus qu'à attendre, travailleur heureux, les dernières moissons. Il pouvait être quelques années encore le doyen des proviseurs de France. Lui, pourtant, songeait au repos. Il avait toujours vécu d'une vie trop sédentaire et renfermée, en homme de bureau qui se laisse asservir plus qu'il ne convient à la tâche journalière. Déjà, en 1896, il avait ressenti les premières atteintes de vertiges d'estomac et de fatigue cérébrale, et, sous l'apparence d'un tempérament robuste et jusqu'alors respecté par la maladie, sa santé lentement s'ébranlait. Le faix du provisorat de Nantes, avec ses mille élèves et de nouveaux collaborateurs à former, pesait d'un poids de plus en plus lourd sur ses épaules faiblissantes, et pour garder, en terre conquise, des positions toujours menacées par quelque endroit, il commençait à ne plus avoir la même vigueur d'intelligence et la même énergie de volonté que par le passé. Il n'eut pas besoin qu'on l'avertît. Moins naïf que l'archevêque de Grenade, il savait bien que ces sortes de commissions ne sont jamais faites. Il parla de retraite, discrètement d'abord, à ses intimes, puis à ses chefs, et de tous côtés on le pressa avec d'amicales et bien flatteuses instances de rester à son poste. Il y demeura. Mais il

(1) Le compte-rendu de ces deux banquets a été imprimé, pour celui de Nantes (4 mai 1895), à Nantes, *Imprimerie Centrale* et pour celui de Paris (7 décembre 1895), à Laval, *Imprimerie Mayennaise*.

advint qu'un matin des premiers mois de 1898, en disant sa messe à la chapelle, il perdit connaissance et tomba sur les marches de l'autel. Il comprit. Tout en gardant pour soi le secret, difficile à percer, de son affaiblissement physique, il demanda sa retraite. Cette fois il résista fermement aux efforts qui furent tentés pour le retenir. Le 7 avril 1898, il était, sur sa demande, admis, pour ancienneté d'âge et de services, à faire valoir ses droits à une pension de retraite, et, le même jour, nommé proviseur honoraire. Il avait un peu plus de soixante-deux ans, et trente-deux années de services administratifs. En se séparant de lui, le Ministre de l'Instruction publique avait tenu à le remercier « des éminents services qu'il avait rendus à l'Université dans les divers établissements qu'il avait dirigés avec tant de dévouement et de succès. »

Toutefois, en quittant l'Université, il tint à lui rendre un dernier service. Il était de ceux, d'ailleurs, qui n'abandonnent point une maison comme on ferait une hôtellerie, et qui, attachés de cœur et d'âme à leur œuvre, s'imposent le devoir strict de se préoccuper du lendemain. Ce fut toujours, à Lesneven comme à Laval, comme à Nantes, une de ses traditions les plus chères. Il pressentait que son départ, plutôt inattendu, venant à se produire en pleines vacances, à l'heure où se préparent les rentrées, eût pu provoquer dans les familles un mouvement d'hésitation, et qui sait ? peut-être un moment d'arrêt dans le recrutement de sa maison. Il choisit son heure, celle-là même qui pouvait le mieux servir les intérêts du lycée. Il fit plus. Il avait eu comme second à Nantes pendant six ans un censeur actif qui avait vécu en parfaite communauté de vues et de principes avec son chef et qui avait porté sans faiblir une bonne partie de son fardeau. Il avait contribué à le faire nommer, tout jeune encore, proviseur du lycée de Vesoul. Il réussit à la suite de pressantes démarches, à convaincre les Inspecteurs généraux que sa succession ne pouvait tomber en de meilleures mains qu'en celles de M. de Caumont. Et, comme M. de Caumont a réussi à maintenir le lycée de Nantes au degré de prospérité où lui-même l'avait amené, il a eu, dans sa retraite, cette joie, douce entre toutes, de se survivre dans son œuvre et dans un successeur désigné par lui et digne de lui.

IX

LES ANNÉES DE RETRAITE — LA FIN

(1898-1902)

Il se retira à Douai auprès de son élève et ami d'enfance Thulliez, conseiller à la Cour d'appel. De lui-même, comme s'il réalisait enfin, au soir de sa vie, un rêve longtemps caressé et toujours déjoué, il retourna dans ce Nord où il avait fait ses premières armes, où il retrouva « une armée » d'anciens élèves qui avaient gardé, fidèle et durable, le souvenir de leur professeur d'autrefois.

Il aima vite sa maison de la rue Delebecque, son jardin — ce jardin qui lui avait tant manqué à Caen et à Nantes pour ses promenades quotidiennes —, et plus encore sa bibliothèque, vaste, bien éclairée, aménagée pour un long séjour. Il avait enfin sa « librairie » bien à lui. Il y passait des heures entières, heureux de sa liberté reconquise, entouré de ses chers livres enfin classés, de ses éditions originales du XVIIe siècle, de ses rarissimes oraisons funèbres, l'une des grandes passions de sa vie affairée. « C'est là qu'il recevait avec une amabilité exquise les amis de longtemps et les amis de la veille, là qu'on était toujours sûr de trouver auprès de lui un utile conseil, une parole réconfortante, un mot d'affectueux encouragement (1). »

Très vite aussi il s'était fait citoyen de sa ville, s'intéressant à tout et à tous, bientôt connu, apprécié, recherché. Sans cesser de collaborer de loin à l'administration de son successeur à Nantes, il sut témoigner au lycée de Douai une bienveillance aussi efficace que discrète. En homme qui entendait rester jusqu'à la fin attaché au culte des bonnes lettres, il devint membre résident de la *Société d'Agriculture, Sciences et Arts* de Douai, où son expérience des choses et sa haute culture furent particulièrement goûtées.

Il n'avait point perdu tout contact avec l'Université. Il avait tenu à s'y rattacher par un dernier fil, en faisant partie, au ministère de l'Instruction publique, de la commission centrale chargée d'examiner et de classer les demandes de bourses nationales. Deux fois l'an, il étudiait les dossiers, assistait à de laborieuses séances, et apportait à cette besogne une ardeur toujours robuste. Deux fois l'an, en décembre et juillet, il nous revenait en cet appartement de l'hôtel Louvois, que tant de ses anciens

(1) M. Carette, proviseur du lycée de Douai, dans l'*Indépendant de Douai*, nº du 3 novembre 1902.

élèves ont connu, et où ils étaient toujours sûrs de trouver un hôte plein de bonté souriante, les prémices des bonnes nouvelles ou des paroles de réconfort.

Lorsqu'en 1898 la Chambre des députés institua une grande commission chargée d'étudier les réformes à apporter dans le régime de l'Enseignement secondaire, il demanda à se présenter devant elle. Sa déposition, que nous reproduisons *in extenso* en annexe à la fin du volume et qu'on peut à bon droit appeler son testament universitaire, fut sans contredit une des plus remarquées pour l'originalité des vues et le sobre exposé de réformes pratiques. Nous savons de bonne source qu'elle y reçut un accueil extrêmement sympathique, et que son président, M. Ribot, pria l'abbé Follioley de préciser et de compléter son œuvre en un mémoire plus substantiel (1).

Au reste, il lui était devenu impossible de se reposer tout à fait. Son vieux fonds d'activité et d'énergie était loin d'être épuisé. Pris tout entier par les devoirs multiples et absorbants de sa charge, car

... ces emplois de feu demandent tout un homme,

il n'avait eu jusqu'alors d'autre loisir que de se tenir au courant des productions littéraires sur le

(1) La déposition, qui est du 11 février 1899, a été insérée, ainsi que la note annexe, au t. I des procès-verbaux de l'enquête, pp. 464-481.

XVIIe siècle — son époque de prédilection — et de noter au passage de curieux travaux à traiter. Il se mit à écrire. Il devint un des collaborateurs ordinaires de la revue la *Quinzaine*. Il entreprit une œuvre beaucoup plus considérable, *la Vie de Mgr Parisis*, dont il avait été, en sa première jeunesse, le secrétaire, peut-être le confident et l'ami. Pendant trois années consécutives, avec un entrain tout juvénile, il dépouilla les mémoires personnels et les lettres du militant évêque, compulsa les archives des deux diocèses de Langres et d'Arras, et amassa pieusement les documents d'une biographie qui ne devait pas contenir moins de trois ou quatre volumes. Le premier seul a vu le jour (Paris, Lecoffre, 1901). Il comprend seulement le récit de quatre années (1843-1848), celles que remplissent les luttes pour la liberté de l'enseignement, menées parallèlement ou en commun, par voie de brochures, de discours et d'articles de journaux, par Mgr Parisis, Montalembert et Louis Veuillot. Il avait d'abord paru en études séparées dans la *Quinzaine*. L'œuvre était immense, supérieure à ses forces, comme l'événement hélas ! le prouva. Il dut s'arrêter à mi-chemin, laissant à d'autres le soin de l'achever.

Sa santé, en effet, avait continué de s'altérer. Ses amis de Paris, qui ne le voyaient qu'à de rares intervalles, le retrouvaient à chaque voyage un peu plus alourdi de corps, un peu moins alerte de pensée. Il dut se ménager davantage. Il continua de vivre sa vie régulière et suffisamment occupée, auprès d'amis dévoués qui se plaisaient en son commerce et qui l'échauffaient de leur tendre affection. Comme la maladie avait épargné sa verte maturité, les infirmités, tribut ordinaire de ceux qui ont lourdement peiné, ne s'abattirent point sur ses derniers jours. Il déclinait visiblement, l'organisme affaibli et usé par les longues fatigues d'une vie toute de travail, sans répit ni délassements. Un soir d'automne, le 28 octobre 1902, comme il se disposait à aller achever la soirée chez un de ses amis, il tomba. Une heure après, sans souffrances apparentes, l'apoplexie avait achevé son œuvre. Il mourait à soixante-six ans, juste à l'âge où étaient morts, par une coïncidence des plus frappantes, son père, sa mère et sa sœur.

Ses obsèques furent célébrées le vendredi 31 en l'église Notre-Dame de Douai, sa paroisse, au milieu d'une grande affluence de notabilités de la ville, de membres de l'Université et des amis des dernières, comme aussi des premières années. Nous étions cinq ou six seulement qui représentions les lycées qu'il avait dirigés et les générations d'écoliers qu'il avait semés de par le monde. Nous le conduisîmes au lieu de repos qu'il s'était lui-même choisi, dans son diocèse d'origine, en la ville où s'était amorcée et quasi décidée sa vie entière, au cimetière d'Arras. Nulle pompe, nul éclat, pas un discours sur la tombe d'un homme qui avait tenu partout une si grande place et qui avait empli de son renom — un renom qui avait des reflets de gloire — l'Université de

France. Seules, pour rappeler la belle dignité de sa carrière universitaire, sa robe et sa toque de proviseur. Ainsi un chef d'armée disparaît sous les plis du drapeau (1).

(1) Des articles nécrologiques lui furent consacrés dans la *Revue Universitaire* du 15 novembre 1902 (André Balz) ; dans le *Temps* du 3 novembre 1902 ; dans la *Vérité Française* du 31 octobre (Auguste Roussel) ; dans l'*Univers* du 31 octobre (E. V.) ; dans le *Gaulois* ; dans l'*Echo de la Mayenne* du 1er et du 9 novembre (Louis Anvray) ; dans l'*Echo Douaisien* du 31 octobre ; dans l'*Indépendant de Douai* des 29-30 octobre, 3-4 novembre. Les *Semaines Religieuses* de Paris, Soissons et Quimper ont reproduit alors l'un ou l'autre de ces articles. Les journaux du Nord et de Nantes ont, pour la plupart, reproduit l'article du *Temps*.

DEUXIÈME PARTIE

I

L'ADMINISTRATEUR — LE PROVISEUR

Après avoir narré, étape par étape, la belle démarche et l'heureuse suite de sa carrière d'administrateur, il me reste à condenser l'œuvre entière de l'abbé Follioley et à mettre en pleine lumière l'ensemble de rares qualités qui firent de lui un proviseur de tout premier ordre. Du même coup j'aurai à examiner les attaques et critiques qui furent dirigées contre sa méthode ou même contre sa personne. Ayant montré ce qu'il fut, je dirai ce qu'il eût pu être, et les vives campagnes qui furent, à diverses reprises, menées pour faire de lui un évêque de France. Je n'ai fait qu'effleurer ce qui a trait à ses goûts littéraires et à ses productions. Je n'ai rien dit du prêtre. Je n'ai rien dit de l'homme.

Je doute que, comme restaurateur de maisons déchues et comme recruteur d'élèves, l'abbé Follioley ait été souvent dépassé. A ce titre il fit souvent l'admiration de ses chefs. « Que n'avons-nous une demi-douzaine d'abbés Follioley, écrivait l'un d'eux, pour aider au relèvement de nos lycées ! Il y aurait moins d'élèves chez les cléricaux, et pas plus de cléricalisme chez nous.». J'entends bien que certains adversaires ou des délicats prétendent que, pour cette œuvre où il était passé maître, tous les moyens lui étaient bons. « Le point faible du système de M. Follioley, c'est qu'il visait à la quantité plus qu'à la qualité. Dépasser de quelques unités le chiffre de l'année précédente était sa grande préoccupation (1)». On ferait sourire ceux qui ont passé par Laval et Nantes si on leur soutenait sérieusement que leurs lycées furent surtout de faciles réceptacles d'élèves inférieurs. Singulière façon d'être asservi au nombre que de congédier du même coup, en arrivant à Nantes, le mauvais quart de ses soixante internes! Que, dans ses procédés de recrutement, il ait usé de diplomatie et de finesses étudiées pour triompher des hésitations, qu'il se soit laissé aller, pour vaincre les derniers scrupules, à d'imprudentes promesses, qu'il ait étendu, sans trop de souci des récriminations rivales, le champ de sa propagande, qu'il y ait eu parfois comme une sorte de griserie en sa poursuite du succès, quoi d'étonnant en somme, et qui pourrait tracer de justes limites à un chef de maison? Il ne faut point oublier que les parents venaient à lui, par confiance, plus qu'il n'allait à eux, par nécessité, qu'il savait fermer sa porte, et qu'il lui arriva aussi souvent de céder à ses collègues des brebis galeuses que de recevoir les leurs. Ce qui est vrai, c'est qu'il

(1) Le *Temps*, 3 novembre 1902.

avait pour des recrues faibles ou même médiocres des complaisances ou, pour mieux dire, des espérances sans cesse renaissantes. Et c'était en lui, autant que j'ai pu deviner, affaire de méthode et de principes, une vue personnelle de pédagogue qui estimait que les natures vraiment incorrigibles sont rares et qu'il y a, dans les tempéraments les moins dociles et en apparence rebelles, des recoins accessibles au progrès moral et des fenêtres qui peuvent s'ouvrir sous une sage pression. Au surplus, il eût pu répondre : « Ces élèves faibles, on les trouve partout : ils sont légion, comme les médiocres dans la vie. Que voulez-vous qu'on en fasse ? A moins de les supprimer, suivant la boutade de Montaigne, il faut bien qu'ils soient quelque part. J'aime autant les voir chez moi, où ils ne me donnent point tant de tablature, que chez mon voisin, qui s'empresserait sans doute de les garder. » Et cela ne paraîtrait pas si absurde en somme.

Entre les deux méthodes, celle qui laisse venir à soi les petits enfants, et l'autre, qui les va chercher par la main, entre le provisorat de tout repos et l'administration militante, l'abbé Follioley avait dès longtemps fait son choix. Il était naturellement et d'instinct pour la lutte. Au fond de son cabinet — car il n'aimait guère les déplacements, et c'est à son cabinet que tout venait aboutir — il dressait de vrais plans de campagne. Il recevait beaucoup. Il savait gagner, conquérir au besoin les sympathies. Il mettait tout en œuvre pour se concilier les concours nécessaires. Il fut bien rarement en désaccord avec les autorités de la ville. Il n'obtenait sans doute pas tout ce qu'il voulait, mais on ne lui refusait pas grand' chose. Nul n'a mieux compris que lui l'appui solide que trouve naturellement un lycée dans une Association d'anciens élèves bien dirigée et florissante. Là où cette Association n'existait pas, comme à Laval, il la créa et la vivifia à force d'application et de coopération agissante. Là où elle avait poussé de solides racines, comme à Nantes, il l'aida de toutes ses forces à atteindre les confins de la prospérité. Quand il quitta Laval, l'Association des anciens élèves lui offrit le beau buste de Bossuet, de Carrier-Belleuse, en témoignage de reconnaissance et d'affection. De même, lors de sa retraite, l'Association de Nantes tint à le remercier de la part qu'il avait prise à son relèvement.

Il entretenait avec l'enseignement primaire d'étroites relations, connaissait personnellement la plupart des instituteurs de sa région, collaborait parfois à leur avancement, éveillait la vocation et protégeait la carrière de leurs fils, dont quelques-uns sont devenus des esprits fort distingués. Il ne laissait pas de faire partie des commissions d'examen des brevets, et, soit comme membre, soit comme président, il y trouvait l'occasion d'affermir et d'étendre son autorité. Loin de se réfugier en son cabinet comme dans une tour d'ivoire, il s'intéressait, non du bout des lèvres, mais de très près, aux doléances, aux embarras, ou même aux infortunes des familles.

Mais par-dessus tout, par son action personnelle, par les services rendus, par une investigation inlassable, il ne cessait pas de poursuivre une active propagande. J'en sais de bien curieux exemples. C'était aux environs de 1888. J'étais de très bon matin sur le quai d'une petite gare de la Mayenne. Le train tardant à venir — nous sommes sur une ligne locale —, je liai conversation avec le chef d'équipe. Comment arrivai-je à lui dire que j'étais professeur au lycée de Caen, je ne m'en souviens plus. — « Ah ! vous êtes au lycée de Caen ? me dit-il. Avec M. l'abbé Follioley ? Je le connais bien. Nous sommes allés le voir la semaine dernière. » Et j'appris ainsi que le brave chef d'équipe avait un fils, que ce fils avait eu de fort beaux succès au collège voisin, que l'abbé Follioley l'avait su, et qu'il n'eût pas demandé mieux — ce en quoi il échoua d'ailleurs — que de s'adjoindre cet écolier d'avenir. Si gouverner, c'est prévoir, n'est-ce pas l'un des devoirs essentiels de sa charge pour un proviseur que de ne jamais perdre de vue le bon recrutement de sa maison ?

Il était homme de devoir dans toute l'acception du terme, et ce fut sa qualité maîtresse. Comme il s'était fait de sa fonction une conception très haute, il en avait délibérément assumé toutes les obligations, quelles qu'elles fussent. Il y sacrifiait ses aises et y subordonnait ses loisirs. Il s'identifiait avec son lycée. Il était attaché et comme rivé à sa besogne journalière. Il ne considérait nulle tâche, si mince parût-elle, comme futile ou négligeable, du moment où elle faisait partie d'un tout et cadrait avec sa discipline. On le trouvait à son bureau chaque jour à l'heure dite, matin et soir. Il n'avait d'incuriosité que pour les chiffres et de négligence que pour les choses d'économat. « Il a l'œil à tout » est un éloge qui revient souvent sous la plume de ses chefs. Dans les classes très régulièrement, dans les cours de récréation souvent, aux dortoirs parfois il apparaît, et ce ne sont pas les élèves seuls qu'il contrôle, mais le train ordinaire de la maison qu'il surveille. On lui reproche même — ses censeurs ne paraissent pas lui en avoir trop gardé rancune, étant restés ses amis — d'empiéter volontiers sur les fonctions de ses lieutenants. A Laval, les foires de l'Angevine du mois de septembre attirant au chef-lieu, comme en une sorte de pèlerinage traditionnel, les familles du département, il est à son poste en ce temps-là, et il ne manqua jamais d'y être. D'ordinaire il accompagne à Rennes le gros de ses candidats au baccalauréat. Et quand, à Nantes, passent les commissions d'examen de Saint-Cyr, il est toujours là, aux écoutes, comme qui dirait à la tête de son petit bataillon. S'il vient à Paris, de façon régulière, à la veille des mouvements universitaires, s'il passe de longues heures dans les bureaux de la rue de Grenelle, c'est encore, c'est toujours pour son lycée et pour l'œuvre commune qu'il travaille. Et ainsi du reste. S'il avait le juste orgueil de ses succès, il faut bien dire aussi que nul n'acceptait plus allégrement et plus pleinement toutes les responsabilités de sa charge. Et ce n'est pas, quoi qu'on puisse penser, un mince mérite.

C'était de plus, et il est difficile qu'il en fût autrement, un maître éducateur. Si le hasard fut pour quelque chose dans son entrée dans l'administration, il avait eu un beau moment de clairvoyance. L'abbé Follioley avait non seulement la passion, mais l'amour de son métier. Car il aimait la jeunesse. Il s'appliquait à connaître ses élèves, tous ses élèves, non pas de nom seulement ou de physionomie, mais de près et à fond, en tout leur être moral. Ce n'étaient point pour lui des figures qui passent, mais des êtres en chair et en os, qui peinent d'être enfermés et qui ont besoin de réconfort et de tendresse. Il se plaisait à se faire leur conseiller plus encore que leur gardien, de façon que le lycée prenait l'air d'une de ces maisons familiales où l'on se plaît à revenir après en être sorti. Dans les longues séances où il s'étudiait à provoquer les appréciations individuelles de chaque professeur, certains collègues, qui me l'ont dit, étaient émerveillés de la justesse et de la précision de ses jugements. Et je n'ai pas besoin de dire combien son autorité était fortement établie, combien ses directions furent efficaces. Il fut à sa façon un grand directeur de consciences, un véritable conducteur d'âmes. Il est peu de ses élèves, si humble qu'ait été leur destinée, qui ne doivent à ses conseils et à ses avertissements une part d'eux-mêmes. Il a relevé bien des découragements, prévenu plus d'une chute, soulagé beaucoup de misères. J'en appelle à la foule anonyme de ses obligés de tout rang et de toute condition.

Certes, c'est en cela que se reconnaît l'éducateur supérieur qu'il était, ce qui le distingue véritablement de beaucoup d'autres et ennoblit singulièrement sa mission, qu'il n'ait jamais limité les effets de sa sollicitude à ceux qui étaient siens, qu'il ait de lui-même porté ses regards bien au-delà du lycée, et que, par la plus généreuse et, du même coup, la plus habile des vues, il ait mené de front et dirigé avec une égale maîtrise deux lycées, — qui d'ailleurs n'en faisaient pour lui qu'un seul — celui du moment, et celui de la veille et de l'avant-veille. Et ce fut là un des secrets de sa force que de ne jamais séparer le passé du présent, les générations antérieures des couches nouvelles.

La haute valeur personnelle du chef, l'entente parfaite des multiples obligations de sa charge, la passion de son métier d'éducateur, voilà, si je ne m'abuse, les raisons premières du succès de l'abbé Follioley. Elles peuvent être contestées en certains points; niées dans l'ensemble, c'est impossible. Je n'en suis que plus à l'aise pour démêler et signaler les causes secondes. D'abord sa qualité de prêtre. Encore convient-il de n'en point exagérer, comme je l'ai tant de fois entendu faire, l'influence souveraine. « Rien n'est moins exact, à mon sens, écrit un de nos collègues qui l'a vu à l'œuvre (1), et cette robe

(1) André Balz, *Revue Universitaire*, 15 novembre 1902.

le mettait plutôt à chaque instant dans une situation assez fausse. Il avait d'abord à amadouer, à convertir des municipalités républicaines qui regardaient de travers « l'homme noir » et commençaient par mettre en doute la sincérité de son zèle universitaire... » C'est à cause de sa robe, en effet, qu'en 1887 et en 1881 il se vit écarté une première fois des provisorats de Nantes et de Caen. C'est elle encore qui l'empêcha toujours d'être appelé à la direction d'un lycée de Paris, que, laïque, il eût sans aucun doute obtenue (1), ou même d'être investi de fonctions plus hautes. Sans parler des menus mécomptes qu'elle lui valut dans ses rapports avec certains de ses supérieurs ou ses relations avec les familles, je me souviens bien que, montrant sa soutane, l'abbé Follioley ne craignait pas de dire qu'elle ne lui avait pas toujours laissé sa pleine liberté d'allures.

Il n'est pas douteux pourtant qu'il ne lui ait dû beaucoup, et que, dans cet Ouest catholique où il passa vingt-cinq années de sa vie, elle n'ait dissipé bien des préventions. A Nantes, en particulier, l'impression fut si forte qu'elle pénétra très avant

(1) L'abbé Follioley avait plus d'une fois songé à un lycée de Paris, entr'autres au lycée de Vanves et à Lakanal, et quelques-uns de ses supérieurs avaient appuyé sa candidature. Lakanal l'aurait tenté, mais un Lakanal décapité, ne gardant guère ses élèves après la quatrième. Il eût voulu en faire quelque chose d'analogue à l'ancien lycée du prince impérial, qu'avait conçu M. Jullien. Il rêvait, pour peu qu'on l'y appelât d'abord et qu'on le laissât faire, d'y amener la vieille bourgeoisie parisienne. La politique empêcha que la chose réussît. Et la robe du prêtre dut être pour beaucoup dans cet échec.

en Bretagne et dans la Vendée, que des familles notoirement conservatrices, des familles de vieille souche aristocratique — il en tirait d'ailleurs quelque vanité — vinrent à lui spontanément, sans qu'il eût à tenter les premières démarches, et firent en quelque sorte leur soumission entre ses mains, « sans qu'il eût besoin de faire fléchir l'esprit universitaire dont il était animé ». Et, chose curieuse! quand ses succès d'administrateur eurent forcé l'estime générale, ce furent ses adversaires du début qui, habiles à tirer profit de tout, s'en consolèrent à demi en répétant que M. Follioley devait à son caractère de prêtre le meilleur de son œuvre. En réalité — c'est à un de ses juges, difficile entre tous, que j'emprunte la phrase — « sa soutane ne suffit pas à expliquer son succès, dû à une finesse et à une habileté rares, à une persévérance que rien n'a lassé ».

Il n'est que juste aussi de faire, dans la carrière de l'abbé Follioley, la part des circonstances favorables et des amitiés qui s'employèrent à le servir. Il se peut que les provinces de l'Ouest aient été pour un proviseur prêtre une terre d'élection, comme elles l'avaient été pour l'abbé Desprez à Caen, l'abbé Lair à Coutances, l'abbé Dours, l'un de ses prédécesseurs, à Laval. Qui sait au surplus? Les hommes de sa trempe ont en réserve des facultés d'adaptation extraordinaires. N'oublions pas que l'abbé Follioley avait, dès le début, donné dans le Nord et l'Est, à Arras et à Saint-Claude, des preuves incontestables de son savoir-faire et de son talent naissant. Ce qu'on pourrait soutenir à meilleur droit, c'est qu'il eut l'heureuse chance de gouverner de simples lycées, à distance respectueuse de son recteur. Un lycée de chef-lieu d'académie n'était point son fait. On le vit bien à Caen, où le conflit latent, entre ses supérieurs immédiats et lui, arrêta son élan. C'est qu'à vrai dire l'abbé Follioley était mal fait pour les seconds rôles. Il avait besoin de ses coudées franches. Il restreignait à son profit, quand il le pouvait, les droits de la tutelle hiérarchique, ou mieux, en habile homme, il tournait la difficulté, en soumettant des solutions qu'il agréait d'autant plus volontiers qu'elles étaient siennes par quelque endroit. Et puis il y avait en lui, à n'en pas douter, un grand fonds d'autoritarisme, tempéré d'ordinaire par beaucoup de bonne grâce et de courtoisie, mais sensible toujours et à fleur de peau. Il y eut des circonstances où il faisait mieux que de poindre ; il eut des collaborateurs qui firent plus que d'en gémir. Je ne suis point de ceux qui en feront grief à sa mémoire, ayant plus d'estime pour ceux qui assument à leur corps défendant toutes les responsabilités que pour ceux qui s'évertuent sans cesse à les décliner, et sachant de reste combien la tutelle est pénible à un subordonné qui a toutes les qualités d'un vrai chef.

D'autre part, le fait n'est pas contestable et l'abbé Follioley lui-même en faisait l'aveu loyal, il eut l'heureuse chance d'être *persona gratissima* auprès de trois hommes qui ont grandement honoré l'Université, et qui, presque en même temps, avaient uni leurs efforts pour amener l'abbé Follioley à l'Université. Ce furent MM. Fleury, recteur de l'académie de Douai, Jarry, d'abord inspecteur d'académie à Arras et à Lille, puis recteur de l'académie de Rennes, et Glachant, inspecteur général. L'abbé Follioley gagna d'abord leur amitié et ne cessa pas depuis lors de mériter leur protection. Il passa vingt années de sa vie administrative sous les ordres, ou plutôt aux côtés de M. Jarry. Je n'ai point eu besoin d'en voir passer sous mes yeux toute sorte de témoignages écrits pour m'assurer qu'entre M. Jarry et l'abbé Follioley il y eut presque toujours communauté de sentiments et d'idées et collaboration des plus étroites. Il n'était guère de secrets entre eux. L'abbé faisait partie de la famille, à telles enseignes que M. Jarry lui confia l'éducation de son fils. N'allait-on pas jusqu'à dire tout haut, dans l'académie de Rennes, que M. Jarry ne savait rien refuser à son bon ami de Laval ou de Nantes et que l'abbé Follioley jouait les vice-recteurs en l'académie, qui mieux est, les « sur-recteurs ? » A vrai dire, si l'un avait l'habitude de beaucoup demander, l'autre pratiquait avec bonhomie l'art de n'accorder qu'à demi, et j'ai retrouvé souvent sous la plume de M. Jarry ce vers de Corneille, refrain ordinaire de ses refus officiels :

Mais si vous ne régnez, vous vous plaignez toujours.

M. Glachant, avec qui l'abbé Follioley était lié

d'une aussi vive affection, n'eut point à le défendre, faute d'attaques qui en valussent la peine. Il se contenta de protéger ses premiers pas dans l'Université (c'est lui qui le présenta à M. Duruy en 1865), de se porter garant de ses sentiments et de sa valeur professionnelle, et de seconder son action, chaque fois qu'il le put faire utilement. Faut-il dire d'ailleurs qu'au ministère les services rendus par l'abbé Follioley furent toujours hautement appréciés, qu'il y jouissait d'un réel crédit et d'une faveur telle qu'elle ne laissa pas de lui faire des jaloux ? C'est que son œuvre se défendait assez d'elle-même. Plus de vingt Inspecteurs généraux différents ont visité chaque année les lycées, et même les collèges qu'administra l'abbé Follioley, et tous, ou presque tous — car il n'y a pas d'éloges sans réserves et il en est chez qui l'épithète a des velléités d'épigramme — tous, dis-je, avec une chaleur plus ou moins tempérée, mais avec une égale force, se sont rencontrés à tour de rôle pour louer, comme ils le méritaient, l'homme et l'œuvre. Et, ce qui en dit plus long que les rapports officiels, c'est que la plupart témoignèrent en mainte circonstance à l'abbé Follioley des sentiments qui allaient bien au-delà de l'estime.

Or ce proviseur n'était qu'un simple bachelier. Entré dans l'Université vingt ans plus tard, il n'eût jamais dépassé les portes d'un collège. A défaut des titres requis il eut toutes les qualités nécessaires. Dans sa déposition à l'enquête sur l'Enseignement secondaire, il semble qu'il ait copié sur lui-même le portrait qu'il trace du proviseur idéal, qui doit être « jeune, d'une bonne santé éprouvée, de tenue irréprochable, de caractère droit, loyal, ferme et résolu — la décision étant la qualité suprême du commandement —, aimant la jeunesse et sachant lui parler ». Je serais presque tenté d'allonger mes citations, pour donner un Follioley peint par lui-même. « C'est mon meilleur proviseur », disait à l'abbé Follioley M. Duruy, parlant, en 1865, de l'abbé Desprez. Je me plais à croire que le mot dut être repris par les successeurs de Duruy, parlant de l'abbé Follioley.

II

L'ABBÉ FOLLIOLEY

CANDIDAT A L'ÉPISCOPAT

Je n'ai pas qualité pour parler dignement du prêtre, et je craindrais, le faisant, de blesser sa mémoire d'une louange maladroite. Il me sera bien permis de dire pourtant que, si la jalousie des rivaux ou la banale médisance n'épargna point en l'abbé Follioley son caractère sacerdotal, en raison même des circonstances très particulières où il se trouvait placé, si, aux grosses attaques des journaux se mêlèrent, à Nantes entr'autres, les railleries acérées des pamphlets anonymes, la dignité du prêtre n'en fut point atteinte. Il était par trop manifeste qu'en s'en prenant au prêtre, c'est l'universitaire seul et le proviseur heureux qu'on visait. Au surplus, là même où certains membres du clergé manifestaient sans la moindre retenue leur hostilité à sa personne, l'abbé Follioley trouva toujours, parmi les prêtres les plus éclairés, partant les plus tolérants, la suffisante caution de leur estime et de leur attachement. Ses confrères et anciens élèves du Nord ont gardé pour lui une affection vivace, et j'ai pu voir, par les témoignages des regrets suprêmes, que leur pensée ne séparait point le prêtre de l'ami (1). Ajoutons qu'il mourut chanoine honoraire de l'église cathédrale de Soissons.

Sa qualité de prêtre — le dernier qui dirigeât un lycée de l'Etat — et le succès de son administration avaient de bonne heure fait de l'abbé Follioley une manière de personnage et éveillé chez quelques-uns l'idée qu'on pût l'appeler à de plus hautes destinées. C'était le temps où la très grande majorité des évêques de France avaient ostensiblement lié partie avec les adversaires déclarés du régime établi, et où le gouvernement de la République se travaillait à rechercher des candidats à la mître qui fussent animés de tout autres sentiments, pour le moins d'un esprit plus libéral. Rien d'étonnant que l'abbé Follioley soit apparu alors aux ministres des cultes comme l'un de ceux qui offraient le plus de garanties et un ensemble de qualités vraiment séduisant. De fait, son nom fut, de bonne heure, mis en avant et proposé en haut lieu.

Une première fois, quand le lycée de Laval était en son plein essor, le ministre de l'Instruction publique avait proposé à l'abbé Follioley un des évêchés vacants. Il déclina cette offre flatteuse, moins par modestie ou par désintéressement que par la connais-

(1) « La dignité de sa vie sacerdotale, écrit un curé du Pas-de-Calais, commandait le respect, comme ses talents l'admiration. »

sance qu'il avait de ses aptitudes et de ses goûts et par attachement à des fonctions dont il s'acquittait avec joie.

Quelques années plus tard, en 1881, quand lui vint la déception de n'être point appelé à la succession de l'abbé Desprez à Caen, le ministre eut l'idée de lui offrir un évêché comme une sorte de compensation. Le sous-secrétaire d'Etat, qui était alors M. Casimir-Périer, y joignit ses instances personnelles. L'abbé Follioley refusa de nouveau, estimant, entr'autres choses, que le temps n'était pas favorable, dans l'Eglise, aux évêques de source universitaire, qui ont été et entendent rester des prêtres libéraux et respectueux du gouvernement établi, réservant toutefois sa décision pour le jour où des circonstances meilleures viendraient à se produire pour le bien commun de la société civile et de la société religieuse.

Ce n'est que dix ans plus tard (1887) que la question fut reprise et, cette fois, menée très loin. L'histoire vaut d'en être contée par le menu. Ce n'est sans doute qu'un épisode, mais qui éclaire d'un jour assez vif les rapports entre l'Eglise et l'Etat. L'abbé Follioley, moins d'un an après son arrivée à Caen, avait senti qu'il ne s'y éterniserait point, comme feu l'abbé Desprez. Spuller était alors ministre de l'Instruction publique. A l'occasion des attaques dont sa nomination à Caen avait été l'objet, l'abbé Follioley le vit et lui plut. Quelques mois après l'évêché de Quimper se trouva vacant. Le préfet du Finistère, M. Bouffet, aujourd'hui Conseiller d'Etat, les députés républicains du Finistère, M. Hémon entr'autres, qui ne voulaient à aucun prix d'un évèque militant, songèrent à l'abbé Follioley, dont le nom était quasi célèbre dans toute la Bretagne, et le proposèrent au choix du ministre. Spuller fit mieux que d'acquiescer : il s'employa de toutes ses forces à faire triompher cette candidature, comme nous le verrons. L'abbé Follioley, cette fois du moins, ne repoussa pas les suggestions de son ministre. Sans se faire aucunement illusion sur les attaques qui allaient pleuvoir et les obstacles de toute sorte qu'on dresserait contre sa candidature, tout en se rendant bien compte que c'était pour quelques-uns « une tache indélébile que d'avoir passé par l'Université », il laissa faire, sans grand enthousiasme à vrai dire, sans désir que la combinaison aboutît, sans faire non plus quoi que ce fût pour l'entraver. Comme il sentait bien qu'évèque, l'une des grosses difficultés de sa tâche eût été de se concilier les sympathies de son clergé, il n'eût certes point accepté tel ou tel diocèse de France ; mais il était à demi tenté par celui de Quimper, où bon nombre de « recteurs » avaient été ses élèves au collège de Lesneven et étaient restés attachés à leur ancien principal par les liens de la reconnaissance ou même de l'affection. Les négociations se prolongèrent pendant plusieurs mois à Paris et à Rome. L'abbé Follioley finit par adhérer à sa propre candidature. Il eut même à Angers une entrevue avec

Mgr Freppel, alors député du Finistère, qui lui fit, croyons-nous, le meilleur accueil et dont il acquit tout au moins la neutralité.

Il ne tarda pas pourtant à prévoir l'échec des négociations engagées, et crut prudent d'épargner à son ministre un refus quasi désobligeant. Il le fit en une fort belle lettre, d'une rare franchise d'accent et d'une fermeté de vues vraiment remarquable, où l'on sent moins le candidat qui plaide sa cause qu'un homme d'esprit droit et de haute culture, habitué au maniement des délicats problèmes de l'heure présente. Voici cette lettre textuellement :

Paris, le 6 Septembre 1887.

Monsieur le Ministre,

J'ai beaucoup réfléchi depuis quinze jours sur la situation que votre confiance m'avait faite et je vous demande la permission de vous soumettre, en toute liberté et sincérité, le résultat de mes réflexions.

Je me suis soigneusement abstenu de toute démarche personnelle à la Nonciature, mais, bien qu'Elle ne livre pas ses secrets et conserve toujours un silence prudent sur ses déterminations, j'ai lieu de supposer qu'Elle n'est pas disposée à agréer la proposition que vous lui avez faite en ma faveur. Je ne suis pas à ses yeux un candidat acceptable. J'ignore de quels motifs Elle colorera son refus, mais j'estime que, en allant au fond des choses, les reproches qu'Elle me fait sont de trois ordres.

Je n'ai pas suffisamment *l'esprit ecclésiastique*. Ayant toujours vécu depuis vingt-deux ans au milieu de la société laïque, il se peut en effet que je n'aie pas les dehors, le langage, l'attitude d'un prêtre qui ne serait jamais sorti d'un séminaire ou d'un presbytère. Le tout est de savoir si, dans le milieu plus mondain où mon existence s'est écoulée presque entière, je n'ai pas toujours respecté et fait respecter mon caractère sacerdotal. La situation a toujours été délicate, quelquefois un peu tendue. Je suis convaincu que je m'en suis tiré à mon honneur, à l'honneur de l'Eglise que je représentais. Il me semble qu'une réponse favorable a été faite par les hommes politiques du Finistère qui, à droite aussi bien qu'à gauche, ont conservé de moi, après quinze ans écoulés, assez bon souvenir pour me voir prendre, les uns avec plaisir et les autres sans répugnance, le gouvernement du diocèse de Quimper.

Je passe pour un prêtre *libéral*. Il faut distinguer. En matière religieuse, ma foi est entière et je crois tout ce que l'Eglise professe et enseigne. Même je n'ai pas grand mérite à cette soumission de l'intelligence et de la volonté, car Dieu m'a fait la grâce de ne pas connaître le doute. En politique, je suis certes libéral et je resterai libéral impénitent. Je ne suis et ne serai jamais d'aucun parti et je demeurerai le serviteur respectueux de la volonté nationale librement exprimée.

Je suis *universitaire,* partisan déclaré de l'enseignement de l'Etat. Assurément, et pour les mêmes motifs que mon prédécesseur à Caen, Mgr Daniel, mort évêque de Coutances, ou que mon prédécesseur à Laval, Mgr Dours, mort évêque de Soissons, cela ne signifie pas que je sois, en aucune façon, l'ennemi de l'enseignement de l'Eglise, et, proviseur de lycée, je n'ai jamais oublié que j'avais été directeur de petit séminaire. Ne l'ai-je pas prouvé lorsque, par une rare fortune de ma vie d'enseignement, je me suis trouvé, en qualité de principal du collège de Lesneven, investi tout à la fois de la confiance du Ministre de l'Instruction publique et de l'évêque de Quimper ?

Ce sont là, j'en ai la conviction, les gros griefs qui me sont reprochés. Ce qui ne veut pas dire que ce seront ceux qui seront mis en avant. En général, tout sujet épiscopable fait des envieux et des jaloux. Si cela est vrai pour un prêtre qui, comme la plupart d'entre nous, n'a pas quitté son propre diocèse, cela doit être cinq ou six fois vrai pour quelqu'un qui, comme moi, a été en contact et un peu en lutte avec plusieurs clergés. J'ai dû laisser derrière moi à Arras, à Saint-Claude, à Quimper, à Laval, peut-être même à Bayeux, des ressentiments ou des rancunes que je veux ignorer toujours et qui trouvent l'occasion de se satisfaire sans danger, sous forme de dénonciation secrète.

Il est donc vraisemblable que la Nonciature va vous répondre par un *non possumus*. Pour peu, Monsieur le Ministre, qu'il vous paraisse inopportun ou inutile de continuer des négociations, je vous prie d'abandonner ma candidature. Je suis d'avance tout résigné, presque satisfait, et je le serais même tout à fait, s'il n'y avait pas toujours quelque sacrifice d'amour-propre à se voir jugé incapable d'une fonction pour laquelle on s'était cru soi-même suffisant. Mais si je vous rends votre parole, je ne reprends pas la mienne, et je demeure à votre disposition au cas où vous croiriez pouvoir faire revenir le Nonce sur le refus qu'il va vraisemblablement vous opposer.

La question de personne qui, dans l'espèce, paraît devoir primer tout le reste n'est pourtant pas, vous le sentez bien, ce qui pourra toucher le représentant du Saint-Siège. Même, pour des raisons que je vous ai déjà dites, le sort des collèges mixtes du Finistère n'est pas pour le préoccuper beaucoup. Périssent Lesneven et même Saint-Pol! Si, à leur place, on doit avoir un établissement purement ecclésiastique, libre de toute attache avec l'enseignement universitaire, le malheur ne paraîtra pas très grand à la Nonciature. Il est, parmi les prêtres les plus ardents du diocèse de Quimper, plus d'un fanatique qui estimera que c'est là un véritable bonheur.

Il y a des considérations d'ordre plus général et plus élevé qui peuvent être invoquées. Le Pape Léon XIII a inauguré partout, en Allemagne, en Russie, même en Italie, une politique d'apaisement et de conciliation. N'est-ce pas entrer dans ses intentions que de donner à ce pays breton, si fervent dans sa foi mais aussi si ardent, de part et d'autre, dans ses convictions politiques, un évêque qui, inébranlablement fidèle à la tradition catholique, observe, dans les choses d'ordre purement temporel, la neutralité la plus absolue entre les partis et place la religion au-dessus et en dehors de toutes leurs querelles ? Et, soit dit en passant, il y a à Quimper en ce moment toute une fraction du clergé qui s'agite pour obtenir un évêque breton d'origine, de langue et d'habitudes. Ce ne serait pas sans danger pour l'unité de la patrie française qu'on donnerait satisfaction à ce vœu imprudent. L'ancienne monarchie avait été dans cet ordre d'idées tellement prévoyante qu'elle s'était toujours refusée à faire une province ecclésiastique de Bretagne. Ce que Napoléon III a accordé dans un intérêt dynastique, la République ne peut songer à le reprendre ; mais elle peut, du moins, donner aux diocèses bretons des évêques qui, venus de France et y ayant vécu, placeront le patriotisme national au-dessus de tout intérêt local et de tout préjugé de province.

Le gage le plus manifeste de conciliation que la société religieuse puisse donner à la société civile est l'application sincère du Concordat. Or, en vertu du Concordat, c'est le pouvoir civil qui choisit les évêques. Il ne faut pas que, dans la pratique, cette prérogative reste une lettre morte. Quel argument en faveur du maintien du traité qui lie l'Etat à l'Eglise si demain, lorsque ce traité sera attaqué et menacé de dénonciation, le ministre des Cultes peut venir dire que, dans une circonstance récente et pour l'un des diocèses les plus vastes et les plus importants de France, il a pu choisir librement un premier pasteur, le prendre parmi les serviteurs les plus éprouvés de l'Université de l'Etat, et le faire accepter par le Saint-Siège (1) ?

(1) De cet exposé doctrinal si ferme, et de plus si actuel, je ne puis m'empêcher de rapprocher ce fragment d'un discours de M. Combes, Président du Conseil, où est développée la même thèse et se trouve justement cité le nom de M. Follioley (Séance du Sénat du 22 mars 1903).

M. LE PRÉSIDENT DU CONSEIL. — « En réalité, la procédure « remet le choix à l'arbitraire du pouvoir ecclésiastique, qui « demeure toujours libre d'accepter ou de refuser, sans se croire « obligé de justifier son refus par d'autres raisons que celles tirées « de ce que le latin appelle *conscientia informata*.

Je vous demande pardon, monsieur le Ministre, de cette longue lettre que je n'ai pu, en vérité, faire plus courte. En la relisant, je suis tenté de la déchirer et de ne pas vous l'envoyer, tant les choses que j'y ai mises me semblent de simple bon sens et ne pas mériter de vous être dites ! J'ai persévéré néanmoins parce que, si elles ne sont pas pour vous un renseignement utile, elles dégagent ma conscience et servent à établir plus nettement la droiture de mes intentions. En vérité, si je ne croyais servir également l'Eglise et la France, c'est-à-dire ce que j'aime uniquement en ce monde, il y a de beaux jours que j'aurais rejeté toute idée d'accepter le siège de Quimper. Je vous supplie même de me faire l'honneur de penser que je n'y aurais pas songé

« Elle a eu pour effet, depuis trente ans, d'écarter de l'épis-
« copat les prêtres, — je n'ose pas dire républicains...

M. DE LAMARZELLE. — « Vous n'en voulez pas !

M. LE PRÉSIDENT DU CONSEIL. — « ... Je dis simplement
« libéraux, et de réserver les sièges vacants aux candidats de
« la réaction.

« C'est à peine si les ministres de la République ont pu disposer
« d'un siège épiscopal de temps à autre, — une fois sur cinq
« ou six peut-être — en faveur d'un candidat librement choisi
« par eux et au prix de concessions qu'ils étaient les premiers
« à déplorer.

« Messieurs, je vous étonnerais beaucoup si je vous donnais
« les noms de quelques-uns des prêtres, connus de tout le clergé
« français par leurs qualités intellectuelles et morales, qui, depuis
« quinze ans, ont été éconduits et repoussés, malgré les instances
« du gouvernement, par le système de l'entente préalable.....

« ... Eh bien, c'est un des déposants les plus remarquables de
« l'enquête sur l'Enseignement secondaire, c'est M. Follioley,
« proviseur des lycées de Laval et de Nantes, un des membres du
« clergé les plus éminents par le caractère et la largeur des vues,
« ainsi que par l'étendue du savoir, qui a été écarté, peut-être
« et probablement parce qu'il avait été proviseur de lycée.
(Dénégations à droite).

M. AUGOIN. — « Dites-nous pourquoi, si vous le savez.

M. LE PRÉSIDENT DU CONSEIL. — « Il n'a pas pu être écarté
« pour son talent, ses connaissances et la dignité de sa vie,
« dont tous ceux qui l'ont connu pourraient témoigner. »

un seul instant et que je vous aurais fait à vous-même la même réponse négative qu'à trois de vos prédécesseurs.

Un mot encore et j'ai fini. Comme je veux que vous soyez informé de tout ce qui touche cette affaire, je dois vous dire qu'en votre absence j'ai fait un coup d'audace. J'ai été à Angers et je me suis expliqué avec Mgr Freppel. Notre entrevue a duré une heure et demie, et mon voyage, aller et retour, s'est fait en un seul jour. Je dois dire que j'ai été satisfait de son accueil comme il a été satisfait de ma confiance. Il a compris que je ne lui demandais rien, voulant rester sur mon terrain, comme il restera sur le sien. En même temps, il m'a assuré que ce n'est pas de son côté que viendrait quelque opposition, et il m'a montré pour vous des sentiments d'estime et de sympathie qui m'ont réjoui.

Mon congé expire samedi. J'irai vendredi soir reprendre mon service à Caen, mais, avant de partir, je solliciterai, comme dernière preuve d'estime, l'honneur d'être reçu par vous.

Daignez agréer l'assurance de mes sentiments inaltérables de respect et de dévouement.

L. Follioley,
Prêtre, proviseur du lycée de Caen.

Malgré les très pressantes instances du Ministre, comme l'avait pressenti l'abbé Follioley, le projet échoua. Le cardinal Place avait son candidat. Si Quimper et Bayeux furent plutôt favorables, il y eut, venant d'Arras et de Laval, un véritable déchaînement de rancunes et d'accusations variées qui sont, paraît-il, le lot ordinaire des candidats en vue à l'épiscopat. Mgr Averardi, alors auditeur de la Nonciature, prêtait du reste à ces clameurs contraires une oreille complaisante. Bref, la cour de Rome opposa un *veto* formel. Le Ministre en informa l'abbé Follioley par la lettre suivante, qui complète de la façon la plus heureuse celle que nous venons de citer, et qui fait trop honneur à l'abbé Follioley pour que nous ne la donnions pas *in extenso :*

Paris, 26 septembre 1887.

Monsieur le Proviseur,

Je viens, à mon très grand regret, vous faire part de l'échec définitif des propositions que j'avais eu l'honneur de vous faire pour votre nomination à l'évêché de Quimper.

Dès notre première entrevue, après avoir échangé avec vous des vues et des opinions sur les relations actuelles de l'Etat et de l'Eglise, j'avais été très frappé de l'élévation, de la fermeté de votre esprit, et je connaissais déjà, par tout ce que j'avais appris de vos services dans l'Université, tout ce que l'on pouvait attendre d'un homme de votre expérience, de votre sagesse, dans une pratique déjà longue des affaires.

Il m'avait paru que votre élévation à la dignité épiscopale ne serait pas seulement pour vous le couronnement d'une belle carrière, mais qu'elle pourrait être, pour l'Etat comme pour l'Eglise, le commencement d'une autre mission dont il était permis de se promettre les fruits les plus heureux. Votre nom, votre passé, votre prudence consommée, votre connaissance des hommes et des choses, surtout dans un pays qui vous est connu et où vous avez laissé les meilleurs souvenirs, tout devait, à ce qu'il semble, incliner la nonciature apostolique à ratifier de grand cœur, avec un empressement véritable, le choix que je me proposais de faire de votre personne pour une présentation à M. le Président de la République.

Je me trompais, je me suis heurté à des résistances que je n'ai pu vaincre. J'avais pris cette affaire fort à cœur ; j'ai longuement négocié, j'ai laissé voir mon extrême désir de réussir, comme aussi mon chagrin très vif d'avoir échoué. Rien n'y a fait. Si j'avais persisté, j'aurais vu surgir des obstacles encore plus insurmontables que ceux que déjà je rencontrais. J'ai dû renoncer à mes projets : vous m'y avez autorisé par une lettre dont je vous garde une reconnaissance toute personnelle, mais je n'ai pas cédé sans avoir fait tous mes efforts pour l'emporter.

La seule objection qui m'ait été faite, c'est votre défaut d'expérience, de pratique de la vie purement sacerdotale. On n'a pas contesté votre mérite : il est trop éclatant pour être nié. On n'a pas élevé au sujet de votre doctrine, de votre vie, des objections qui n'auraient pas tenu. On s'est borné à dire que vos fonctions antérieures ne vous ont nullement préparé aux devoirs de la charge épiscopale. C'est en vain que j'ai indiqué les précédents, que j'ai fait valoir tous les avantages d'une nomination qui marquerait précisément avec une précision, un lustre même tout à fait indéniables, le changement nécessaire de politique qui doit se produire dans les relations de l'Etat et de l'Eglise. Mes observations, accueillies avec une considération dont je vous rapporte tout l'honneur, ont finalement provoqué un refus de concours qu'il m'a paru impossible de braver.

J'en ai éprouvé, j'en éprouve encore un amer désappointement, tant il me semblait qu'il n'y avait rien de mieux à faire dans cette circonstance. Je vous prie de me permettre de vous dire ces choses, comme je les ressens. Vous aviez toute ma confiance comme candidat à l'épiscopat, vous la gardez comme proviseur. Je me félicite de la circonstance qui m'a fourni l'occasion de connaître et d'apprécier un homme tel que vous ; je serais charmé, et le dirais-je ? je serais un peu consolé, si j'apprenais de vous que vous ne me savez point mauvais gré d'avoir songé à vous associer à une œuvre d'apaisement qu'il est, ce me semble, du devoir de tous les bons citoyens de poursuivre sans se décourager. J'attacherais un prix particulier à savoir que vous avez apprécié mes efforts, ainsi que la particulière estime dont j'ai l'honneur de vous offrir la respectueuse et cordiale assurance.

Eugène Spuller.

De telles paroles honorent singulièrement l'homme à qui elles furent adressées. La nonciature a dû rabattre depuis de son intransigeance pour des candidats dont il est bien permis de dire qu'ils ont moins grandi l'épiscopat français que n'eût fait l'abbé Follioley.

Tout évincé qu'il fût, l'abbé Follioley ne cessa pas d'être considéré dans l'Ouest comme un candidat de première ligne, et ceux de ses amis qui l'avaient poussé dans cette voie ne cessèrent pas d'espérer qu'ils arriveraient à désarmer la résistance du nonce. C'est ainsi que l'an suivant, en 1888, des démarches furent faites par le préfet des Côtes-du-Nord pour le siège de Saint-Brieuc. Il y a à ce sujet une histoire de cabale menée par un certain abbé du Marallach dont je n'ai pas réussi à démêler les fils. C'est ainsi encore qu'en 1891, comme on parlait devant Mgr Freppel de l'abbé Follioley comme de son successeur éventuel, le fougueux prélat aurait répondu : « Ce ne serait déjà pas si mal. » Je doute pourtant que l'on ait sérieusement songé, comme il a été dit, à le lui donner comme coadjuteur. Au surplus, l'abbé Follioley préludait alors à la rénovation du lycée de Nantes, et il s'était mis à la tâche avec trop d'ardeur et de vaillance pour s'en laisser détourner. Il se donna dès lors tout entier à son lycée, dont il disait spirituellement, en souvenir de la déception passée, que c'était son épiscopat. Il s'en consola d'autre façon encore en aidant de toute son influence, qui était réelle, à l'élévation de certains hauts dignitaires de l'Eglise, qui figurent parmi les plus distingués de l'Eglise de France, ou en appuyant la candidature de prêtres irréprochables, comme l'abbé Créton de Nantes, qui n'avait que le défaut d'être républicain.

L'abbé Follioley évêque! Je suis de ceux qui n'y ont jamais cru et qui n'ont point souhaité pour lui ce couronnement de carrière. L'Eglise faisait des difficultés pour le promouvoir : c'est l'Université qui eût dû en faire pour se séparer de lui. Il était un proviseur accompli, « capable, par sa valeur personnelle, de se faire bien venir en tout pays » ; il fût devenu un évêque discuté, désobéi, qui sait? persécuté peut-être. C'est un des fonctionnaires qui connaissaient le mieux le Finistère qui disait, parlant de cette candidature : « Il ne faut pas qu'il accepte. *Son clergé le tuerait.* » A quoi bon lâcher la proie pour l'ombre? Il le sentait d'instinct. Entre sa vocation universitaire, qui l'avait pris tout entier et lui avait donné toutes les satisfactions désirables, et la fonction épiscopale, pour laquelle, si j'ose dire, il avait plus de laisser-aller que de penchant, il ne pouvait hésiter qu'aux jours de moindre confiance. Peut-être, à la rigueur, aux environs de 1880, en son époque de pleine maturité, eût-il pu tenter l'épreuve et remporter cette autre victoire ; et vraisemblablement, pour peu que les destins n'eussent pas été trop contraires, ce premier succès l'eût désigné pour les charges les plus hautes de l'Eglise, dont il n'était point indigne. Cela d'ailleurs ne fut pas. Il nous suffit qu'il ait été considéré par des juges très avertis comme de tous points capable de faire figure dans l'Eglise de France, et que son échec — son unique échec — ait mis en pleine lumière, comme nous venons de le voir, les rares qualités du prêtre et la haute valeur de l'homme.

III

L'ÉCRIVAIN

Je n'ai parlé qu'incidemment de l'écrivain. Je voudrais être plus explicite sur ses ouvrages de critique littéraire. Ayant beaucoup agi, l'abbé Follioley a peu écrit. Il n'en eut presque jamais le temps. Il s'en plaignait parfois. « On ne peut pas lire. C'est une situation misérable et dans laquelle on se sent de jour en jour diminué et épuisé. La vie intellectuelle s'éteint faute d'aliment. La jeunesse s'en va par suite des années et de ce labeur lourd, incessant, qu'on appelle du nom barbare d'administration. »

Il avait de bonne heure songé à une thèse sur Bourdaloue, qu'il ne fit jamais. Son œuvre principale, son *Histoire de la Littérature française au XVIIe siècle,* entreprise sur les conseils de Mgr Parisis, fut d'abord la mise au point des leçons de littérature qu'il préparait pour ses élèves d'Arras et de Marcq-en-Barœul. Véron, le Véron de l'*Illustration,* lui consacra, à son apparition, un article élogieux. De bons juges, comme Jacquinet, d'autres encore en faisaient le plus grand cas. Elle eut un réel succès, et pas moins de cinq éditions. C'est visiblement une œuvre de jeunesse, que l'abbé Follioley n'eut jamais le temps de soumettre à une révision profonde, parce qu'il lui eût fallu toucher à trop de choses, où la compilation, habile et bien fondue d'ailleurs, est faite de réminiscences et d'emprunts doctrinaux à Désiré Nisard. Elle est écrite d'une bonne langue, avec plus de fluidité que de force, et se lit aisément. J'ai parlé en passant de ses sévérités contre Port-Royal et Molière, qu'un de ses adversaires eut soin de faire tenir, soulignées, à l'un des ministres de l'Instruction publique, Jules Ferry. Je n'ai pas dessein d'analyser l'œuvre. Il serait trop facile, et d'ailleurs injuste, de montrer que l'histoire littéraire s'est singulièrement accrue, élargie et précisée depuis lors.

Ce que je veux retenir de cette œuvre probe sans profondeur et correcte sans éclat, c'est l'idée maîtresse du livre, un long hymne à la louange du XVIIe siècle. L'abbé Follioley, dès le début et à jamais, s'y est planté, pour ne s'en plus dégager. Il ignora sans regret ce qui vint avant et volontiers ce qui suivit. Pour lui le XVIIe fut toujours le grand siècle, et Bossuet le maître des maîtres. Là, tout était raison et foi, goût et discipline, accord harmonieux de la doctrine et de la forme. Même en ce XVIIe siècle si vaste, il s'était fait une petite église où il honorait d'un culte particulier les sermonnaires, Bossuet, Bourdaloue et les *oratores minores*, comme

Fromentières, auquel il avait consacré une étude intéressante et déjà documentée (1). Il se tenait au courant des publications nouvelles sur ses écrivains préférés, et il eût pu, tout comme un autre, leur consacrer de doctes études. Il avait circonscrit et quasi concentré en eux son culte des bonnes lettres. Pour eux encore il s'était fait bibliophile, et il avait, avec méthode, en érudit de race, amassé l'une des plus belles collections qui existent d'éditions originales des oraisons funèbres du XVIIe siècle.

A peine avait-il pris sa retraite qu'il rentrait en Bourdaloue, par un article précis et ferme consacré aux *Lettres* du célèbre jésuite que venait de publier le P. Chérot. Chemin faisant, j'ai parlé des articles qu'il donna à la *Quinzaine*. L'abbé Follioley, enfin libéré de la tâche quotidienne, est redevenu publiciste et chroniqueur. Il s'attaque aux sujets d'actualité. Coup sur coup il publie, toujours dans la *Quinzaine*, la série de ses articles sur Mgr Parisis, un article solide sur la *Réforme de l'Enseignement secondaire*, un compte-rendu élogieux des deux premiers livres du *Louis Veuillot*, d'Eugène Veuillot, et une longue note, précise et documentée sur une *Nouvelle édition classique des Sermons de Bossuet*. Tout cela est écrit d'un style ferme, d'une plume aisée et alerte, où l'on ne sent nulle fatigue. Malgré ces publications diverses,

(1) *Oraison funèbre du P. Senault, par Fromentières*, lecture faite à l'Académie de Caen, en juin 1888, par l'abbé Follioley. Caen, Delesques, 1888, 25 pp. L'abbé Follioley goûtait fort l'exorde, de grande allure d'ailleurs, de cette oraison funèbre. Nous publions ce mémoire aux Annexes.

l'abbé Follioley n'aura attaché son nom à aucune œuvre littéraire durable, toute son énergie s'étant dissipée en action, comme tant d'autres qui n'ont pas pris le temps de perpétuer leur mémoire par le livre.

On doit le regretter, car sa pensée était forte et mâle, son style plein et nerveux. Déjà ses lettres d'écolier laissent peu à la nonchalance et aux négligences coutumières des adolescents. On sent qu'il s'était formé à bonne école. Il n'écrivait point comme tout le monde et ses moindres billets avaient un tour de main où se décelait leur auteur. Point de coquetterie, point d'élégance, jamais rien de raffiné ou de contourné, mais quelque chose de simple, de net, de sobre, d'une écriture posée, soignée et régulière —, « emblème d'une âme maîtresse d'elle-même » (1), selon le mot piquant de son ami Jarry, — en une réelle pureté de forme, avec je ne sais quel ressouvenir de la politesse d'autrefois. On retrouverait sans peine des centaines de lettres de lui qui sont, non d'un administrateur, mais d'un homme, presque d'un écrivain.

Il réussissait à merveille dans le discours familier. Je me souviens qu'à Laval il s'était réservé le privilège, à la distribution des prix, d'adjoindre aux deux discours officiels une brève, mais substantielle harangue, qui obtenait toujours le plus vif succès. Il parlait bien, d'une voix bien timbrée et forte, avec

(1) Bien rares furent ses négligences. Il lui arriva pourtant un jour, dans un rapport officiel, d'écrire « la maîtresse des ministres » au lieu de « la maîtresse des minimes ». L'incident n'eut pas de suite fâcheuse, n'ayant pas dépassé le cabinet rectoral.

plus d'énergie que d'onction, et l'autorité du ton et du geste s'alliait excellemment à la gravité du fonds. Je me suis laissé dire que ses discours matrimoniaux — car il eut à bénir bien des mariages — étaient goûtés pour l'heureux choix des détails et la perfection de la forme.

IV

L'HOMME

Dois-je parler de l'ami ? Déjà, en racontant sa vie, j'ai mis en relief du mieux que j'ai pu la part de bonté native qui se mêlait en lui au dévouement professionnel. S'il me restait à dire, je n'aurais qu'à puiser à pleines mains dans le dossier de feuilles jaunies qui ont passé sous mes yeux et dans les lettres émues de nos souscripteurs. Peut-être même me suffirait-il de faire appel aux souvenirs de ceux qui me liront. Il n'est que de l'avoir vu à l'œuvre. Avec tous une urbanité parfaite ; avec ceux qu'il connaissait, davantage une fidélité à toute épreuve et un abandon charmant. Rien de triste en son ordinaire ni de renfrogné, mais une bonne humeur toujours prête à jaillir. Alors son visage s'épanouissait, et, derrière ses inséparables lunettes, le regard s'éclairait d'un bon sourire. C'étaient pour lui et pour ses hôtes d'agréables moments, où sa verve faisait merveille. Et le passé lui remontait à la mémoire, avec des souvenirs d'une précision surprenante, avec de piquantes anecdotes qu'il détaillait avec une bonhomie narquoise. Il les répétait parfois, mais en y mettant toujours la saveur première.

J'ai parlé, chemin faisant, de son extrême serviabilité, qui s'étendait non seulement à ses élèves et à leurs familles, mais rayonnait bien au-delà. Il s'attachait — et s'entendait — à gagner la confiance de ses collaborateurs. Il tenait à cette confiance comme à une condition essentielle du bon fonctionnement d'une maison. L'affection suivait. La plupart de ses censeurs sont restés ses amis. Il ne manqua jamais de veiller à leur avancement légitime, et quand ils l'avaient quitté, il savait leur prouver de façon délicate qu'il ne cessait pas de s'intéresser à leur avenir.

Il n'était point homme à prodiguer son amitié. Il ne se donnait qu'à bon escient, mais ne se reprenait plus. De ses meilleurs collaborateurs et d'un certain nombre de ses anciens élèves il avait formé à la longue comme une sorte de grande famille sur les destinées de laquelle il veillait, de loin comme de près. « Il discernait les vocations, écrit excellemment mon camarade et son ancien élève Sinoir, et s'appliquait à les servir. Il en favorisait le développement par tous les moyens dont il pouvait disposer. Il pourvoyait aux besoins matériels et moraux de l'enfant qu'il avait distingué. Il aplanissait toutes difficultés, soit en intervenant auprès des pouvoirs publics, soit en payant de ses propres deniers... Il n'abandonnait plus le jeune homme qu'il avait une fois pris sous sa protection : il le conduisait comme par la main jusqu'à la grande école qu'il lui avait choisie ; il lui donnait l'accolade à l'entrée dans la vie virile ; il le mariait ; il baptisait son premier enfant, à moins qu'il n'en fût lui-même le parrain. Et quand une de ces vies qu'il avait ainsi modelée avec un soin d'artiste s'écroulait tout d'un coup, touchée par la mort, il était encore là à l'heure de la suprême épreuve. »

De fait, dès qu'il entrait en relations régulières, il était vite de la famille, et, dans la famille, quelque chose comme un parent très cher dont les visites apparaissent toujours trop rares, ou encore une sorte de « tuteur » avisé, comme disait M. Jarry, qui avait éprouvé la sûreté de son affection. Et comme il n'aimait pas médiocrement ses amis, je n'ai pas besoin de dire que sa disparition prématurée a laissé en bien des foyers un deuil profond et un vide difficilement réparable.

Ce n'était pas qu'il fût un homme universel, d'une culture extrêmement étendue, d'une curiosité d'esprit sans cesse en éveil. Non. Il était volontairement rebelle, au contraire, aux choses d'art, par exemple, et limité en ses goûts. Il n'avait en aucune façon la passion de tout apprendre ou de paraître savoir un peu de tout. Il eût aimé le théâtre, s'il en avait eu les moyens. Il avait, sans que cette résignation parût lui coûter, circonscrit le champ de ses connaissances. Il s'était cantonné, comme de parti-pris, en certaines habitudes, dont s'arrangeait on ne peut mieux sa vie simple, méthodique et soigneusement réglée. Tout cela n'empêcha point que l'homme fût en lui supérieur. Et je suis convaincu que la plupart de ceux qui me liront prisaient plus encore que ses rares talents d'administrateur heureux, et à un plus haut degré, ses inoubliables qualités d'esprit et de cœur. Qu'il ait eu des adversaires, voire même des ennemis ; qu'ayant dû faire des victimes, il ait fait germer une ample moisson de mécontentements et de rancunes tenaces ; qu'en dépit, certains diraient en raison de ses services, il ait semé de par le monde une quantité notable d'ingrats, comment et pourquoi s'en étonner ? N'est-ce pas le lot ordinaire des hommes d'action ? D'autant que ce serait desservir la mémoire de notre ami et quasi le défigurer que de lui attribuer des faiblesses de caractère qu'il ne connut guère et une onction toute évangélique qu'il n'eut point. Il fut de l'Université militante. Il suffisait de le voir pour être assuré qu'il était de ceux qui ne courbent point la tête facilement. Sur les hommes et les choses, il s'exprimait presque toujours avec une grande courtoisie, mais aussi avec vivacité, parfois même avec rudesse. Il savait froncer les sourcils et élever la voix, et je sais des camarades vis-à-vis desquels il ne se contenta point d'admonestations paternelles. Lâchons le mot : il était autoritaire et se montra impérieux. Oui, certes, mais à ses heures et au bon moment, et parce qu'il est impossible à un chef d'établissement de ne pas l'être, sous peine de perdre son crédit, et aussi parce que tel était son tempérament. Mais je m'oublie à parler encore de l'administrateur, et c'est de l'homme qu'il s'agit.

Il avait le don précieux de plaire, qui n'est donné qu'à un petit nombre. Tout d'abord, on était comme tenu à distance par quelque chose de grave et de solennel épars en toute sa personne, dans sa robe de prêtre, dans sa taille massive, mais bien campée, dans son geste rare, dans l'assurance et la pénétration de son regard. Mais cela ne durait guère ; le visage s'éclairait, la voix se faisait souple et harmonieuse, les pensées se succédaient, vives et toujours en bel ordre, et la confiance était née. On ne sortait jamais mécontent de son cabinet, car il avait l'art d'envelopper ses refus de réconfortantes paroles et d'ajouter à ses promesses d'excellentes raisons qui en doublaient le prix.

Et ce n'était pas seulement sur de simples visiteurs ou ceux de son entourage que s'exerçait sa puissance de séduction. Elle l'aidait aussi à faire la conquête de ses supérieurs, de ses inspecteurs, de son ministre. Il s'en servait comme d'une grâce d'état pour convaincre les esprits et gagner les cœurs. Il ne trouvait guère de rebelles. Avec la même dextérité qu'il dirigeait la jeunesse, il maniait les hommes. Sous l'extérieur plein de bonhomie se cachait une rare finesse à laquelle ne manquait aucune distinction, et derrière la finesse déliée de l'esprit on apercevait sans peine et toujours une volonté très maîtresse d'elle-même et un caractère vigoureux et personnel.

J'ai rencontré de lui ce portrait, buriné par l'un de ses juges, dont l'indulgence n'était pas le travers ordinaire : « On serait tenté de dire que ses qualités font corps avec ses défauts ; autoritaire et accommodant, tenace et souple, actif jusqu'à l'exubérance, jaloux de ses prérogatives et pourtant prêt à bien des condescendances, charmant les familles par l'aménité de ses manières, payant sans cesse de sa personne... » N'est-il pas tout entier en ce raccourci de jugement ?

« Il ne fallait pas longtemps converser avec lui pour avoir l'impression de se trouver en présence d'un esprit de tout premier ordre (1) ». Rien en lui, en effet, de banal ni de moyen. Un amour profond de son métier, au point de l'ennoblir et de le transformer peu à peu en quelque chose de beau comme une mission ; une entente parfaite de la conduite d'une maison d'éducation ; une application quasi passionnée à la charge confiée à son activité ou imposée à son expérience ; le tact de l'homme du monde s'alliant à l'énergique ténacité de l'administrateur ; un dévouement profond à l'Université, sans qu'il lui sacrifiât rien de sa dignité de prêtre ; un jugement droit, qui s'étendait au détail et portait loin ; des principes d'action très arrêtés et une telle souplesse dans les moyens qu'il allait comme se jouant des difficultés où d'autres s'étaient heurtés ou brisés, désarmant les hostilités ambiantes, créant une atmosphère de confiance, prélude du succès définitif, s'établissant dans la place avec une autorité

(1) *Revue Universitaire*, 15 novembre 1902.

de moins en moins contestée, et, pour finir, avec une souveraine maîtrise, élargissant sans cesse, pour le bien de son lycée et de ses élèves, sa sphère d'action : une prudence rarement mise en défaut et qui n'excluait ni l'esprit d'entreprise ni même les coups d'audace ; un heureux équilibre des facultés les plus hautes : une rare élévation d'esprit, faite d'intelligence native et mûrie au commerce des hommes ; une âme fortement trempée, avec de larges recoins de sensibilité et de tendresse, je retrouve tout cela chez l'abbé Follioley. Entre les ignorants et les doctes, pour les simples témoins de sa vie universitaire comme pour les chefs qui le jugèrent, il y a accord pour reconnaître en lui un de ces hommes qui apparaissent constamment supérieurs aux tâches proposées, un administrateur doublé d'un diplomate. Pour qui veut recourir aux mystérieuses lois d'hérédité, le fils d'un soldat et d'une femme des Alpes. Dans l'un des deux ou trois articles de journal ou de revue où l'on ait parlé de l'abbé Follioley de façon compétente et sûre, il est un jugement que je veux relever, car, à part la comparaison qui, si glorieuse qu'elle soit, pourrait bien cacher une malice, il campe en belle lumière notre personnage. « M. Follioley a été, sur une scène très modeste, un politique de premier ordre. Ceux qui le connaissaient se sont souvent demandé ce qu'il eût fait sur un théâtre plus vaste et plus en vue. Peut-être ne lui a-t-il manqué que deux ou trois circonstances favorables pour inscrire dans l'histoire, non loin de

Mazarin, un nom fameux (1) ». Un tel jugement, joint à celui de Spuller, vaut tous les chapitres que j'aligne. Je n'eusse jamais, dans mon optimisme de biographe ami, osé remonter à de si lointains et si brillants parallèles. Je me contentais de penser, comme bon nombre de ses élèves, admirateurs et amis, et j'ai pris plaisir à dire, que dans le cours d'une carrière, belle et noble entre toutes, il remplit tout son mérite et qu'il eût été partout à sa place, si haute fût-elle.

(1) Le *Temps*, 3 novembre 1902.

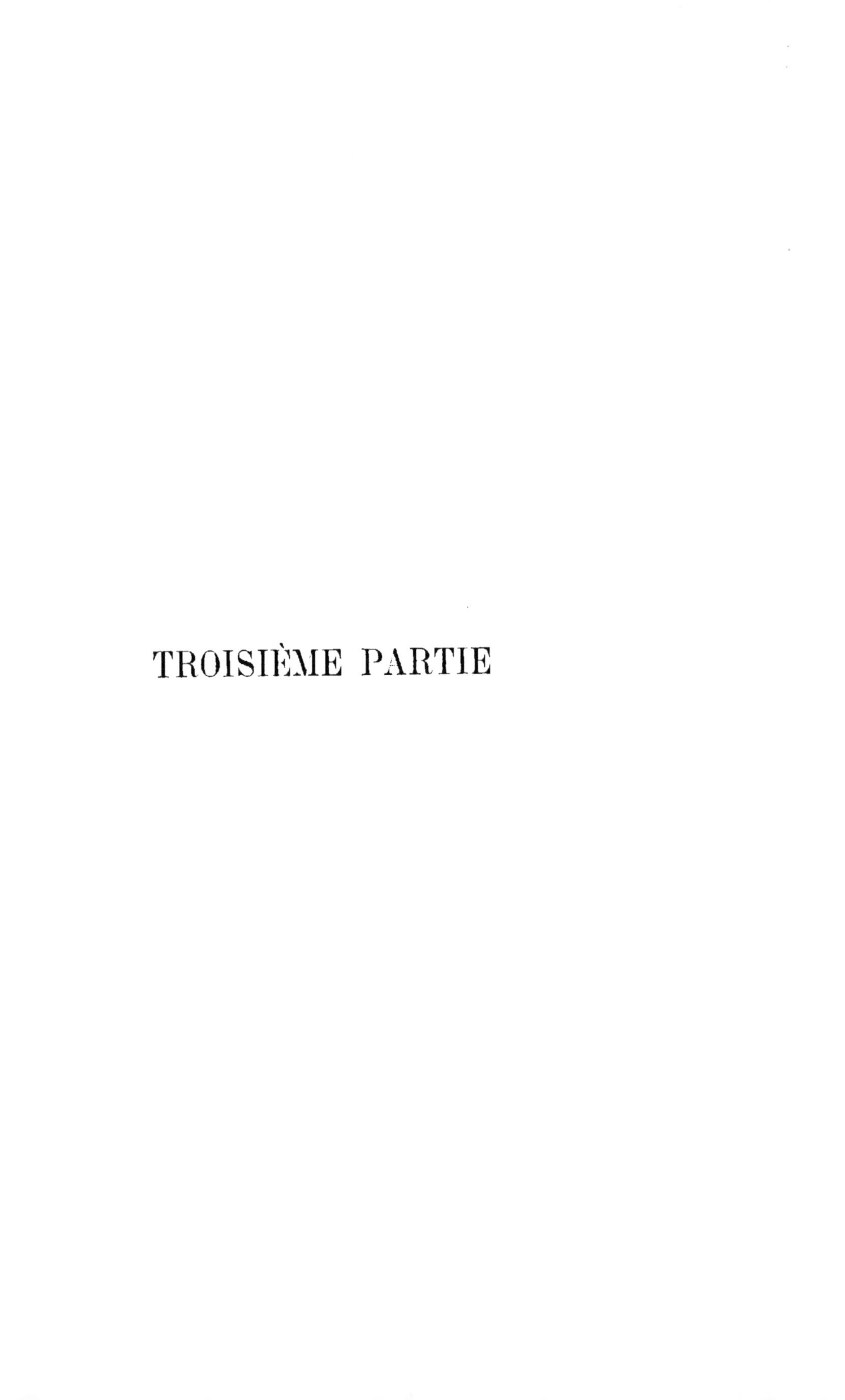

TROISIÈME PARTIE

RELIQUIÆ

BIBLIOGRAPHIE

DES ŒUVRES DE L'ABBÉ FOLLIOLEY

1. — Histoire de la Littérature Française au XVIIe siècle.

La 1re édition parut en 2 volumes in-12 chez l'éditeur BELIN, à Paris, le premier volume en 1864, le second en 1866. Quatre éditions subséquentes furent publiées chez l'éditeur CATTIER, à Tours, la 2e édition en 3 volumes in-12 en 1875, revue et augmentée, la 3e édition en 1880, également en 3 volumes in-12, la 4e édition en 1883, 3 volumes in-12 et 3 volumes in-8, et la 5e et dernière édition, in-12 et in-8, en 1886. Elle ne fut jamais achevée, car l'abbé Follioley n'étudia ni Fénelon, ni La Bruyère.

2. — Lettres choisies de Madame de Sévigné, avec une préface, chez l'éditeur CATTIER, à Tours, 1883.

3. — Oraison funèbre du P. Senault par Fromentières, lecture faite à l'Académie de Caen en juin 1888, insérée dans les *Mémoires de l'Académie nationale des Sciences, Arts et Belles-Lettres de Caen*. Tirage à part, chez DELESQUES, à Caen, 24 pages.

4. — Les Lettres de Bourdaloue, à propos du livre récent du P. Chérot : *Bourdaloue, sa correspondance et ses correspondants*, article paru dans la *Quinzaine*, 1er janvier 1899, pp. 60-79. Tirage à part, 20 pages.

5. — *La jeunesse de Louis Veuillot racontée par son frère*, compte-rendu des deux premiers volumes du *Louis Veuillot*, d'Eugène Veuillot, paru dans la *Quinzaine* du 16 septembre 1899, pp. 198-219, et du 16 septembre 1901, pp. 186-215.

6. — *Une nouvelle édition classique des Sermons de Bossuet*, de l'abbé Urbain, article de la *Quinzaine* du 16 août 1900.

7. — *La réforme de l'Enseignement secondaire*, article de la *Quinzaine* du 1er novembre 1900. Tirage à part, 37 pages.

8. — *Montalembert et Mgr Parisis*, d'après des documents inédits (1843-1848). Paris, Lecoffre, 1901.

Les principaux chapitres ont paru dans douze articles de la *Quinzaine* (16 mars, 16 mai 1899; 1er et 16 janvier, 16 avril, 1er mai 1900, 16 janvier, 16 mars, 1er et 16 avril 1901; 1er janvier et 1er février 1902). L'auteur y a fait quelques retouches et additions en vue du livre. C'est le premier volume d'un plus vaste ouvrage que l'abbé Follioley avait dessein de consacrer à Mgr Parisis. L'ouvrage, croyons-nous, sera repris par M. l'abbé Guillemant, supérieur du petit séminaire d'Arras.

I

L'ORAISON FUNÈBRE DU P. SENAULT

PAR

FROMENTIÈRES [1]

Tout a été dit sur les grandes oraisons funèbres du siècle de Louis XIV, celles qui ont pour auteurs Bossuet, Fléchier, Mascaron, Bourdaloue, mais ces pièces d'éloquence ne sont pas les seules qui aient été produites dans un genre qui a été d'une fécondité surprenante. A ne tenir compte que des discours travaillés avec soin, en vue d'être prononcés devant un auditoire d'élite et imprimés ensuite pour un public de choix, il ne serait pas impossible d'en dénombrer cinq cents entre la mort de Henri IV et celle de Louis XIV. Le recueil de Du Peyrat est riche de trente-quatre éloges funèbres d'Henri IV, et pour son petit-fils Louis XIV, on en a recueilli près de cinquante. Tous ces discours, qui ont été admirés par les contemporains, ne méritent pas également de sortir de l'oubli où le temps les a plongés. Les historiens ou les lettrés qui en affrontent la lecture ne sont pas toujours payés de leurs peines. Çà et là pourtant ils font d'heureuses rencontres, j'entends qu'ils sont surpris de trouver des pages d'une inspiration élevée, d'un accent sincère, d'une langue

(1) Lecture faite à l'Académie nationale des Sciences, Arts et Belles-Lettres de Caen, en juin 1888, par l'abbé Folliolcy, proviseur du lycée et membre de cette Académie.

pure, des pages qui n'ont pas vieilli et qui semblent écrites d'hier. D'ordinaire, ce ne sont que des passages isolés, perdus au milieu d'un flot d'adulations vaines et d'hyperboliques flatteries. Mais un discours entier, composé à la manière des maîtres et qui, se soutenant à la même hauteur d'un bout à l'autre, ne soit pas trop indigne de figurer à côté des grands chefs-d'œuvre, c'est là une rareté presque introuvable et qui mérite d'autant plus d'être remarquée. J'en parle par expérience, ayant beaucoup lu et étudié les oraisons funèbres du XVIIe siècle et n'ayant guère distingué, parmi celles qu'on ne connaît pas, qu'une seule qui m'ait satisfait à peu près pleinement et pour laquelle je serais heureux de vous faire partager mon admiration. C'est l'oraison funèbre du R. P. Senault, général de l'Oratoire, le quatrième successeur de M. de Bérulle, par l'abbé de Fromentières, qui avait été élevé dans les collèges et les séminaires de la congrégation, et qui, mieux que personne, était en mesure de traiter son sujet en connaissance de cause. Elle a été prononcée le 30 septembre 1672, dans l'église de l'Oratoire de la rue St-Honoré, devant les anciens confrères du défunt, réunis pour lui rendre un suprême hommage.

Fromentières n'est pas le premier venu. Il a été en réputation d'éloquence au XVIIe siècle. Je ne veux vous en donner qu'une preuve tirée des curieux mémoires ecclésiastiques de l'abbé Le Gendre, un Normand de Rouen, qui a été le secrétaire et l'homme de confiance de l'archevêque de Paris, M. Harlay de Champvallon. Il était venu dans la capitale vers 1685, à trente ans, avec le dessein de faire fortune par la prédication. S'il faut l'en croire, il réussit à se faire un nom, et, selon ses propres expressions, à « se distinguer parmi tant de prédicateurs qu'il y avait alors dans le clergé séculier et dans les ordres religieux. » En même temps que Le Gendre constate son propre succès, il rend témoignage du succès des autres et il trace des prédicateurs en renom des portraits agréables. Le premier nom qui vient sous sa plume, avant tout autre, est celui de Fromentières; Fléchier et Bourdaloue ne paraissent qu'au second rang. Quant à Bossuet, il n'est pas même nommé et il n'y a pas trop lieu de s'en étonner, puisque l'éducation du dauphin l'avait empêché, pendant de longues années, de paraître dans la chaire. Or, voici en quels termes Le Gendre s'exprime sur le compte de Fromentières.

« La cour et la ville retentissaient encore des acclamations que l'une et l'autre avaient données à l'abbé de Fromentières. J'ai ouï dire par les uns qu'il y avait dans ses sermons autant d'élévation que de solidité, et par d'autres qu'il y avait plus de mots brillants que de choses. Comme je ne l'ai point entendu et n'ai rien lu de lui, je ne parlerai ni de sa personne ni de ses talents. Cependant, comme il parvint à l'épiscopat sans brigue ni cabale, on ne doit équitablement attribuer cette bonne fortune, si c'en est une d'être évêque, qu'au mérite de ses prédications (1). »

Je donne ce témoignage pour ce qu'il vaut, c'est-à-dire, puisque Le Gendre avoue ne connaître l'orateur que de réputation, comme une simple indication du bruit public et de l'opinion courante. Cette opinion favorable était-elle justifiée par un mérite réel ? On serait tenté de le croire, si on s'en rapporte au jugement d'un critique de nos jours, versé plus que tout autre dans la connaissance des prédicateurs du XVIIe siècle. Parlant de notre orateur, qu'il appelle l'*aimable* Fromentières, M. Jacquinet, dans son livre connu, salue en lui « un vrai précurseur de Massillon, dans l'Oratoire, par sa méthode insinuante, son abondance persuasive, sa douce fluidité (2). » Tel il nous apparaît, en effet, dans cinq volumes de sermons, avents, carêmes ou dominicales, dont aucun n'est médiocre, mais qui n'approchent pas, à mon humble avis, de quelques œuvres de circonstance, supérieures à tout le reste et où il a été porté par son sujet à des hauteurs inaccoutumées. Au premier rang de ces ouvrages de choix se place l'oraison funèbre du P. Senault. Elle est bien, ce me semble, dans le ton des contemporains de Bossuet, et si elle n'atteint, en aucune de

(1) *Mémoires de l'abbé Le Gendre*. Paris, Charpentier, 1863.

(2) *Des Prédicateurs du XVIIe siècle avant Bossuet*. 2e édition. Paris, Belin, 1885.

ses parties, l'élévation et le génie du maître, elle est par endroits d'une inspiration plus généreuse, d'un accent plus sincère, d'un tour plus libre et plus vif que la plupart des oraisons funèbres de Massillon. Je vais essayer d'en donner de suite la preuve.

L'exorde de Fromentières est tiré des circonstances. Ce qui gâte toujours une oraison funèbre et lui enlève de son intérêt, c'est l'apprêt et le convenu des formes oratoires. Sous la pompe du langage et les artifices de la rhétorique disparaissent trop souvent l'orateur et le personnage qu'on a coutume d'appeler son héros. Ici, tout au contraire, un souvenir personnel commun au P. Senault et à Fromentières fait le début du discours et ce souvenir est particulièrement touchant. L'orateur déclare qu'il vient, lui, l'ami et le disciple, pleurer et célébrer celui qui fut son bienfaiteur et son maître. Je cite volontiers dans leur intégrité ces deux premières pages qui, à deux cent vingt ans de distance, paraissent encore touchantes et ne seront pas entendues sans émotion.

« Si c'était assez à un orateur d'aimer son sujet pour le traiter dignement, et si l'obligation de louer un grand homme donnait toujours du talent et des forces pour s'en acquitter, je pourrais sans doute, Messieurs, me promettre aujourd'hui quelque succès dans l'éloge que j'ai à vous faire du R. P. Senault, supérieur général de la Congrégation de l'Oratoire de J.-Ch. Car j'avoue que, dans une affliction aussi universelle qu'a été celle de sa mort, j'ai des intérêts particuliers et que j'éprouve des douleurs qui me sont propres. L'Eglise perd en lui une de ses plus grandes lumières ; sa compagnie, un digne chef qui la couronnait de gloire ; mais je perds en mon particulier un incomparable ami ; je regrette même un excellent maître. Lorsque je considère effectivement le passé et que je rappelle en mon esprit mes premiers essais dans la prédication, je trouve que c'est lui qui m'a inspiré le courage de l'entreprendre, qui m'a même découvert les moyens de l'accomplir. De sorte que s'agissant aujourd'hui de s'expliquer sur son mérite, je vous laisse à juger s'il me serait libre de me taire, et si ma voix, animée par sa persuasion et formée par ses préceptes, ayant pu célébrer quelques grands hommes, ne se doit pas employer tout entière à louer celui de qui elle a reçu de quoi louer les autres?

« J'ai l'avantage, Messieurs, que satisfaisant en cela à ma reconnaissance, je ne serai point exposé au hasard d'être soupçonné de flatterie. Il y a des vertus très considérables d'elles-mêmes par leur éclat, et principalement lorsque, comme celles de notre illustre mort, elles sont universellement bienfaisantes. Il n'y a presque aucune église en France que ce prédicateur n'*ait arrosée des torrents* de son éloquence, et aucun peuple qu'il n'ait instruit par ses discours ou par ses livres. Nous osons quelquefois interrompre les saints et redoutables mystères pour louer des vertus militaires ou politiques ; et souvent, en disant de ces grands hommes ce qu'ils ont dû être plutôt que ce qu'ils ont été, nous faisons sans le savoir d'officieux mensonges. Triste et fâcheux ministère à un prédicateur dans la chaire de vérité, mais ministère qui, de quelque côté que je le regarde, ne peut m'être aujourd'hui que fort glorieux.

« Je me persuade aisément que le sacrifice peut être justement interrompu pour nous entretenir des saintes dispositions avec lesquelles un prêtre l'offrait tous les jours ; et je ne crois pas profaner la prédication en louant un prédicateur qui de nos jours lui a donné toute la beauté dont elle est capable. Toutes les chaires devraient être tendues de deuil, comme ayant perdu leur principal ornement ; tous les prédicateurs devraient s'affliger que leur père, que leur maître leur ait été enlevé ; et enfin toute l'Eglise ne saurait, ce me semble, rendre trop d'honneur à un ministre qui en a fait tant lui-même à son ministère, et qui, depuis le jour qu'il est entré dans la Congrégation de l'Oratoire jusqu'à celui de sa mort, aurait effectivement pu dire, après saint Paul, si son humilité le lui avait permis : *Quamdiu oeg sum, ministerium meum honorificabo.* »

N'est-il pas vrai qu'il y a là une sincérité d'accent, une vivacité d'impression, et comme une fierté d'allures qui, toutes proportions gardées, dépassent de beaucoup ce qu'on est convenu d'admirer dans les oraisons funèbres de Massillon ?

Pour apprécier à sa valeur cette éloquence forte, simple, naturelle, où la mesure est gardée dans l'éloge, et où l'expression ne trahit pas la pensée en l'exagérant, il convient de se souvenir qu'on est en 1672, c'est-à-dire tout au commencement de la période particulièrement brillante de l'oraison funèbre. Bossuet n'a encore célébré que les deux Henriettes, Mascaron a déjà paru quatre fois dans la chaire chrétienne pour louer Anne d'Autriche, Henriette d'Angleterre, le duc de Beaufort et le chancelier Séguier, et Fléchier une seule fois pour Madame de Montausier. Ainsi, même à ne tenir compte que de l'ordre des temps, Fromentières vient des premiers, et on ne peut pas dire qu'il ait travaillé sur des modèles. On peut d'autant moins le dire que ce n'est pas ici son début et que l'éloge du P. Senault est le quatrième discours de ce genre qu'il a prononcé. Il avait pris déjà la parole sur des tombes illustres, sur celle d'Anne d'Autriche, de l'archevêque de Paris, Hardouin de Péréfixe, de Hugues de Lionne, ministre et secrétaire d'Etat, et enfin du cardinal Barberin. La vérité oblige à confesser que ces discours ne se soutiennent pas à la même hauteur et qu'ils vont en progressant. Celui par lequel l'orateur a débuté ne mérite pas d'être mis en parallèle avec l'éloge de la reine-mère par Mascaron ; il n'est guère remarquable que par son texte, heureusement repris par Bossuet pour une occasion et à propos d'une vie de beaucoup plus mémorables. *Et nunc reges, intelligite.*

L'exorde, comme il est d'usage dans les oraisons funèbres du XVIIe siècle, aboutit à la division, à une division formellement et nettement exprimée, tirée du texte qui la contient en germe et dont elle n'est que le développement. Le texte que nous connaissons déjà est cette parole de l'épître aux Romains : « *Quamdiu sum ego, ministerium meum honorificabo.* Tandis que je serai avec vous, j'honorerai mon ministère. » — « Nous pouvons, dit l'orateur, considérer le Révérend Père Senault en trois qualités ; ou comme prêtre, ou comme prédicateur, ou comme supérieur général de l'Oratoire... Comme prêtre, il a honoré le sacerdoce où il est entré ; comme prédicateur, l'Evangile qu'il a prêché ; comme supérieur général de l'Oratoire, le gouvernement qu'il a exercé. C'est tout le sujet de son éloge. » Le mérite de cette division est d'être admirablement simple, naturelle, compréhensive. Elle ne se paie pas de mots, mais elle va au fond des choses, elle les embrasse dans leur intégrité, sans rien admettre qui soit extérieur au sujet, sans rien négliger de ce qui lui appartient. Elle est évidemment de celles auxquelles n'aurait rien trouvé à reprendre le sévère auteur des *Dialogues sur l'Eloquence*, Fénelon.

C'est donc du prêtre qu'il est d'abord question, et le premier point du discours tend à établir que Senault a honoré le sacerdoce. On a conservé des vies des principaux Pères de l'Oratoire faites par un confrère, le P. Cloyseault, mort en 1728, et qui a travaillé sur des mémoires authentiques, avec le secours de toutes les archives et de toutes les traditions de la Compagnie. Dans cette galerie des membres les plus distingués d'une Société renommée pour les vertus, le savoir et l'éloquence, Senault avait une place marquée. Le P. Cloyseault a donc composé sa biographie, une biographie étendue et qui fait autorité. C'est un témoignage irrécusable qui permet de contrôler les affirmations de Fromentières et contre lequel, en cas de désaccord, elles ne sauraient prévaloir. Le récit du religieux et l'éloge de l'orateur sacré concordent en tous points ; il y a même entre eux de telles ressemblances qu'on peut leur supposer une origine commune, c'est-à-dire que selon toute vraisemblance, l'orateur sacré a eu entre les mains, par une communication bienveillante de l'Oratoire, les documents que le biographe a plus tard mis en œuvre. On peut donc, en toute confiance, accepter l'éloge que Fromentières fait de son héros. A vrai dire, cet éloge s'égare d'abord quelque peu, sur des qualités où il n'y avait pas matière à une louange méritée, sur les avantages de la naissance et sur des dons extérieurs comme la belle prestance et la haute stature de Senault. « Il était de ces hommes singuliers par la proportion de leur taille et la majesté de leur visage. » Mais la louange porte bientôt sur un fonds plus solide et s'attache à des mérites plus personnels et d'un ordre plus élevé. Senault a honoré son sacerdoce en ce que, dès l'âge de seize ans, il a quitté le monde pour l'Eglise, *segregatus a peccatoribus*, en ce qu'il est entré dans la Congrégation naissante de l'Oratoire, et en ce qu'il y a appris tout à la fois à pratiquer la vertu et à acquérir la science.

Fromentières insiste sur ce dernier point avec une force remarquable, faisant honneur au cardinal de Bérulle d'avoir fondé une Congrégation « qui n'est pas moins soutenue par la science que par la piété. » Le passage vaut la peine d'être cité ; il est d'une netteté et d'une énergie singulières.

« Les prêtres ne sauraient se dispenser d'être savants. Dieu proteste solennellement par les prophètes qu'il rejettera de ses autels celui qui aura rejeté la science ; et Origène remarque que, dans le sacrifice qu'il commanda aux prêtres de lui offrir pour leurs péchés particuliers, il ne parla pas de l'offrir en partie pour leur ignorance ; comme il l'avait spécifié dans les sacrifices du peuple, ne supposant pas que ceux qui sont préposés pour instruire les autres ignorassent quelque chose.

« Quand ce ne serait que pour s'édifier eux-mêmes, les prêtres doivent savoir : on avance dans l'amour de Dieu à mesure que l'on profite dans sa connaissance. Mais parce que les prêtres sont obligés d'édifier et d'instruire les autres, il ne leur est pas libre de ne pas savoir. Il se peut trouver d'autres conditions dans le monde où l'ignorance soit un crime. Je crois que le médecin qui donne la mort à un malade, pour ne s'être pas instruit de ce qui se peut savoir dans son art, que le juge qui ruine une partie, faute d'avoir étudié la loi, sont fort coupables ; mais j'ose néanmoins dire que l'ignorance de ces sortes de gens n'est point d'une conséquence si fâcheuse que celle des prêtres, cette ignorance les mettant au hasard, dans la conduite des fidèles, de leur causer non la mort du corps, mais celle de l'âme, de les dépouiller non de quelques biens périssables, mais des biens éternels, de tous ceux de la Grâce et de la Gloire. »

Il va de soi que la science recommandée n'est point « la science vaine et orgueilleuse de la philosophie, » mais la science sacrée, celle qui « s'apprend par la lumière du Saint-Esprit dans les Saintes Ecritures, à la faveur des Conciles et des Pères. » Le P. Senault, parmi les enfants de M. de Berulle, a été un de ceux qui sont le mieux entrés dans son esprit. Il s'adonna à l'étude des livres saints et de leurs interprètes autorisés, « il se remplit de cette nourriture précieuse et la convertit en sa propre substance, » et ce fut seulement après avoir été disciple pendant de longues années qu'il se hasarda de devenir maître.

Le trésor de la science ne doit pas être un trésor caché et le prêtre est tenu de faire usage des richesses qu'il a acquises et de les distribuer au peuple. C'est l'objet propre du ministère de la prédication que Fromentières estime à son prix, en homme du métier qui en connaît les difficultés et qui en démêle les défauts et les qualités. Ces qualités, il les trouve réunies, à un degré supérieur, dans le P. Senault. Et sur cet endroit, qui est le point capital et particulièrement délicat du discours, il convient de lui laisser la parole et de l'entendre exposer son sentiment.

« La première qualité, dit-il, qui paraît avoir honoré en lui le ministère de la prédication a été sans doute son éloquence, comme consistant non seulement dans les paroles mais dans les choses, comme étant du genre de celles qui ne se contentent pas de plaire, — mais qui entreprennent de persuader; éloquence soutenue par la force de la doctrine et par l'abondance de la raison, dont les beautés étaient toutes chastes, qui n'admettaient jamais d'ornements que ceux que la gravité souffre, et que la piété même conseille, puisqu'ils étaient toujours empruntés de l'Ecriture Sainte et des Pères. Eloquence par conséquent dont l'on peut dire qu'il a eu la gloire d'être le premier maître et dont, par le mauvais goût du siècle précédent, il n'avait trouvé aucune trace avant lui. »

Voilà pour le fonds des choses. Le mérite de la forme

n'était pas moindre et il savait rehausser la vérité par les ornements les mieux choisis et les plus appropriés.

« Notre admirable prédicateur, qui concevait de quelle importance il était de traiter la parole de Dieu avec dignité, n'oublia rien de ce qui pouvait la rendre victorieuse dans sa bouche. Il se crut obligé d'étudier jusqu'à ses termes, de ne prononcer, comme Nephtali, un des enfants de Jacob, que des paroles agréables : *Dans eloquia pulchritudinis.* Il introduisit de plus l'ordre dans ses discours par les divisions jusqu'alors inconnues, et soutenant tout cela par les talents les plus rares qu'ait jamais eus prédicateur, il me semble que nous pouvons dire justement de lui ce beau mot que l'Ecriture a dit de Salomon : *Sapientiam magnifice tractabat*, qu'il traitait la sagesse avec magnificence.

« Ce qui rendait son éloquence plus utile, était la clarté qui en était inséparable. Ayant acquis les connaissances les plus difficiles par la force de sa méditation, il en rendait capables les esprits les plus médiocres par la facilité de ses discours. Comme saint Paul, il transformait les viandes les plus solides en lait pour la nourriture des enfants : *lac vobis potum dedi.* Un de ses principaux dons était effectivement de familiariser les plus hautes vérités sans les abaisser, et je ne sache peut-être que ce prédicateur qui de nos jours ait trouvé le secret de se faire entendre des ignorants en même temps que les habiles gens l'admiraient. Enfin, Messieurs, pour concevoir toute l'obligation qu'a la chaire à son éloquence, il ne faut que considérer l'état où il l'avait trouvée et celui où il l'a laissée. J'ai ouï un des plus grands hommes du siècle, et personne de vous n'en doutera quand j'aurai dit que c'était M. de Lingendes, évêque de Mâcon, j'ai ouï, dis-je, ce grand évêque rendre un beau témoignage à notre prédicateur, que c'était lui qui avait chassé de la chaire trois choses monstrueuses, que l'ignorance et le désordre du siècle dernier y avait introduites, la confusion, la science profane, la raillerie; la confusion, par la méthode et la division ; la science profane, par la théologie de l'Ecriture et des Pères ; et enfin la raillerie, par une majesté grave et un style sérieux. »

Le curieux est que cette page de critique littéraire, si juste et si mesurée, peut être rapprochée du début de la vie du P. Cloyseault. Il y a entre les deux textes de frappantes analogies qu'il est intéressant de noter au passage.

« Quand le P. Senault commença à prêcher, dit le biographe de l'Oratoire, on remarquait trois défauts bien considérables dans la plupart des prédicateurs de ce temps-là : nulle méthode dans le discours ; un grand étalage de la science profane, en sorte que Sénèque y était cité plus souvent que saint Augustin, et les poètes latins plus que tous les prophètes ; et enfin la plaisanterie, qu'on croyait nécessaire pour attirer la bienveillance des auditeurs.

« Le P. Senault purgea la chaire de ces trois désordres et substitua en leur place la méthode, la pure doctrine de l'Evangile expliquée par les Pères, et la gravité que demande l'auguste ministère de la prédication. C'est le témoignage que tout le monde lui a rendu, et en particulier le P. de Lingendes, quoique son concurrent alors dans la chaire et dans la gloire de l'éloquence (1). »

Entre Fromentières et le P. Cloyseault il n'y a, on le voit, aucune différence sensible, sauf que l'un s'appuie de l'autorité d'un prélat, Jean de Lingendes, tandis que l'autre s'en réfère au P. Claude de Lingendes, jésuite. Tous deux ont laissé quelque renom dans la chaire chrétienne ; mais, d'après le petit nombre de leurs écrits qui ont survécu, le simple religieux paraît avoir de beaucoup surpassé l'évêque. Au XVIIe siècle, on a, en général, jugé le P. Senault aussi favorablement qu'ont fait son ancien élève et son confrère de l'Oratoire ; car il est telle lettre de Chapelain où il est parlé de ses *harangues exquises et dignes de la bonne antiquité*. Ce même Chapelain écrivant au P. Senault, qui prêchait en province, à St-Malo et à Lyon, se plaint de ce que les *extrémités du royaume* ravissent un tel orateur à la capitale et à la Cour, auxquelles sa parole devrait être réservée, parce qu'elles savent la goûter, tandis qu'il est à

(1) *Recueil des vies de quelques prêtres de l'Oratoire*, par le P. Cloyseault, t. II. Paris, Poussielgue, 1882.

craindre que *ces peuples barbares n'en profitent pas, comme ayant un palais mal proportionné à cette nourriture.*

En ce qui nous concerne, il est mal aisé de juger si l'éloge fait du P. Senault n'est pas au-dessus de son mérite. Aucun sermon ne nous est resté de cet infatigable orateur qui, au dire de Fromentières, « a prêché jusqu'à trente-six avents et trente-neuf carêmes. » Le P. Senault n'a pas trouvé, comme le P. Lejeune, par exemple, un de ses confrères de l'Oratoire pour conserver et publier cette partie de ses œuvres. Son bagage oratoire se borne à trois volumes de *Panégyriques des Saints,* et à neuf oraisons funèbres qu'il a publiées et qui ont été imprimées sous ses yeux, et retouchées avec soin par lui-même. On a dit qu'avant de les livrer au public l'auteur les avait portées à Conrart pour en revoir et en polir avec lui le style. Ce qui est certain, c'est qu'il a enrichi, et, comme on disait alors, illustré chacune des oraisons funèbres, éditée à part, chez Pierre Le Petit, à la Croix-d'Or, d'épîtres dédicatoires, qui sont de bien curieux monuments de cette éloquence emphatique et pompeuse, qui remontait au commencement du siècle, et à laquelle Balzac avait donné l'essor.

Senault n'est donc pas, comme le prétend Voltaire dans son Dictionnaire des écrivains français du *Siècle de Louis XIV,* « un des premiers restaurateurs de l'éloquence. » Mais il a été certainement un professeur distingué de rhétorique sacrée. Supérieur du séminaire de Saint-Magloire, il fut chargé de former à la prédication les jeunes ecclésiastiques qui appartenaient à sa société, et même quelques sujets du dehors qui venaient y parfaire leurs études. Il leur donnait les règles de l'art d'écrire et les exerçait à parler en public. Plusieurs orateurs qui ont laissé dans la chaire un juste renom avaient assisté à ses conférences et reçu ses leçons. C'est ainsi, pour nommer seulement les plus connus, que Senault compte parmi ses disciples le P. Le Boux, qui fut évêque de Périgueux, le fameux P. Mascaron et Fromentières lui-même. Et c'est ce que notre orateur rappelle dans un passage qui n'est pas le moins remarquable de son discours.

« Quoique le P. Senault prêchât toujours et en tout lieu, quoiqu'il travaillât plus lui seul dans sa profession que vingt autres, son zèle n'en était point encore satisfait, et c'est ce qui l'obligea de suppléer à sa présence, qui était bornée, en formant de temps à autre, dans sa congrégation, des jeunes gens pour la chaire. Ce zèle même s'étendit sur les étrangers. Etant supérieur de Saint-Magloire, il fit des conférences réglées, où quantité d'ecclésiastiques se trouvaient et auxquelles il communiquait libéralement son esprit. Combien qui ont profité de ses lumières ! Les prédicateurs qui ont eu depuis vingt ans le plus de réputation n'ont-ils pas été ses disciples ? Avouons-le, puisqu'il est vrai. *De plenitudine ejus nos omnes accepimus.* Nous avons tous reçu de sa plénitude ; moi proportionnément à ma faiblesse ; mais ces grands hommes qui vous ont charmés et que leur mérite a élevés aux dignités de l'Eglise, avec abondance ; et à voir enfin le grand nombre de prédicateurs qu'il a formés, ne dirait-on pas que Dieu avait établi ce prêtre, en notre siècle, comme autrefois Jérémie dans le sien, pour être le maître et le capitaine de tout homme qui devait prophétiser ? *Dedit te Dominus sacerdotem ut sis dux in domo Domini super virum prophetantem.* » Ce magnifique hommage, remarque M. Jacquinet, est trop affirmatif et trop sincère d'accent pour n'être pas en grande partie mérité.

Il serait trop long de suivre l'orateur dans tous les détails où il se complaît pour démontrer que son héros a honoré l'évangile qu'il a prêché. Reste à établir qu'il a également honoré la charge de supérieur général dont il a été investi, qu'il a conservée pendant neuf années et dans laquelle il est mort. Jusqu'à quel point il y a réussi, les auditeurs de Fromentières le savent aussi bien que lui, et il suffit de faire appel à leurs souvenirs et de réclamer leur témoignage. « Que vous fûtes donc agréablement surpris, mes Révérends Pères, quand ayant choisi le R. P. Senault pour votre supérieur général, vous lui trouvâtes tout d'un coup autant de talents pour la conduite de votre Compagnie qu'il en avait pour le ministère de la parole ; et qu'après avoir vieilli dans la chaire et sur les livres, il eut encore la force pour vous édifier, la prudence pour vous conduire, la charité pour vous soulager, le courage pour vous défendre et le zèle même pour mourir et se sacrifier pour vous! » Par l'exemple constant de sa vie, le nouveau supérieur enseigna, tous les jours, le respect, l'amour et l'observance exacte des règles de la Congrégation. On le voyait le premier à tous les exercices et il réchauffait tous les autres des ardeurs de sa piété. « Il se rencontre quelquefois des impétuosités dans la grâce des saints, qui les portent à des actions héroïques et extraordinaires, ce sont des miracles qu'il faut respecter ; mais je ne crois pas qu'on doive guère moins estimer ce genre de vertu, dont le caractère consiste dans une égalité constante et réglée ; fermeté qui marque un attachement invariable à Dieu, qui participe en quelque façon à son immutabilité, et qui, dans la pensée de saint Grégoire de Nazianze, peut faire dire à un homme après Dieu : Je suis toujours le même et je ne change point. » Tel a été, au dire de son panégyriste, le mérite principal du P. Senault.

Homme d'exemple, il fut également homme d'action, c'est-à-dire qu'il ne se borna pas à proposer en lui à ses confrères comme le modèle vivant des vertus religieuses, il s'accommoda à la situation et aux nécessités de chacun d'eux pour les leur faire pratiquer. Personne ne craignit moins que lui la peine et ne prit aussi peu souci de ménager ses forces. Ni l'âge ni les infirmités ne l'ont détourné du travail et obligé au repos. « Il a toujours voulu prendre sur lui tout le poids des affaires ; il n'a jamais manqué de répondre au moindre de la Congrégation qui lui écrivait, et, comme la bonté qu'il avait d'entrer dans les besoins de chacun donnait plus de liberté à tous de s'adresser à lui, il ne se passait guère de semaine qu'il ne fît jusqu'à deux ou trois cents dépêches de sa main. » A ce labeur incessant, son robuste tempérament s'épuisa, et il finit par succomber, victime de son zèle.

Pendant le supériorat du P. Senault, l'Eglise de France était divisée par les querelles du jansénisme. L'Oratoire avait déjà une place trop importante dans la société ecclésiastique pour pouvoir rester étranger à ces discussions théologiques. Tout naturellement, on se demande si le P. Senault a pris parti dans ces orageux démêlés, et de quel côté il s'est rangé. Sur ce point, Fromentières, prenant la parole au moment où la lutte un instant apaisée menace déjà de reprendre, garde un silence prudent et ne fournit que des indications bien générales et bien vagues. « On a fait, dit il, une remarque bien rare dans le gouvernement de ce digne supérieur, qu'il n'a jamais rien entrepris pour sa Compagnie où il n'ait réussi. » Et ailleurs : « Quelle prudence ne lui a-t il pas fallu à conduire une compagnie libre et qui n'a point d'autre lien entre ses membres que ceux de l'amour ! » Ces déclarations sont assurément à l'honneur du général de l'Oratoire ; mais, si elles ne sont pas compromettantes, elles ne sont guère significatives et n'indiquent pas de quelle façon s'exerça son autorité reconnue et triomphante. Le P. Cloyseault, qui n'écrit pas pour être lu du public et qui n'a pas, par conséquent, les mêmes raisons d'être circonspect, s'explique plus librement. Il nous apprend que, malgré la faveur dont Port-Royal jouissait auprès de certains membres de la Congrégation, Senault commanda la soumission au Saint-Siège, et n'hésita point à signer le Formulaire . Cette fermeté inébranlable dans la bonne doctrine a fait du généralat du P. Senault une des périodes les plus florissantes de l'histoire de l'Oratoire.

En terminant son discours, Fromentières, s'adressant aux fils spirituels du vénéré défunt, à ses anciens confrères groupés aux pieds de la chaire, émettait ce souhait touchant et pieux. « Enfin, ne le pleurons plus, cet homme si aimable et qui nous était si cher ; ne le pleurons plus, puisqu'après tout nous ne l'avons pas perdu, puisque nous le possédons encore en Dieu : que nous l'y possédons même plus parfait qu'il ne pouvait être ; que nous le possédons de plus sans le pouvoir désormais perdre. C'est de là qu'il aura encore soin de votre Congrégation, qui lui sera toujours chère : que, dès demain, il lui en donnera des marques en lui procurant un homme qui, par ses excellentes qualités, le fera revivre parmi vous. » Ce vœu de l'orateur ne s'est pas malheureusement réalisé. L'élection du général eut lieu, en effet, le lendemain de la cérémonie funèbre, et le P. Sainte-Marthe fut choisi comme successeur du P. Senault. On sait qu'il n'a pas imité sa sagesse et qu'il s'est rapproché du jansénisme autant que son prédécesseur s'en était écarté.

Telle est, dans ses lignes principales, l'oraison funèbre du P. Senault, qui ne compte pas moins de cinquante pages, et qui, par conséquent, ne se renferme pas dans les proportions habituelles d'un discours de ce genre. L'orateur s'excuse, à deux reprises, d'avoir dépassé de beaucoup les bornes ordinaires, « de quoi, dit-il, je serais confus si je n'avais aimé tendrement mon sujet. » L'excuse est assurément valable. Mais il en est, pour nous, une meilleure encore et qui ressort de l'importance des deux personnages, celui qui a mérité l'éloge, et celui qui l'a prononcé.

Les noms de Senault et de Fromentières méritent d'éveiller et de fixer l'attention par des raisons qui ne sont pas toutes exclusivement littéraires ; ils ont honoré, l'un et l'autre, à des titres divers et dans des conditions différentes, la Congrégation de l'Oratoire qui, rétablie il y a trente ans en France, y reprend de plus en plus faveur. Cette société, comme pour bien marquer en quel honneur elle a toujours tenu les bonnes lettres, a choisi pour supérieur général, pour successeur du P. Senault, l'évêque d'Autun, Mgr Perraud, qui a été de notre Ecole normale et qui est de l'Académie Française. Elle a restauré plusieurs de ses anciens collèges comme cette célèbre maison de Juilly, où Bossuet allait rendre visite à Malebranche, et elle en a fondé de nouveaux, comme cette école Massillon, ouverte aux portes du vieux lycée Charlemagne, et qui y conduit ses élèves. Et il n'y a pas six semaines qu'un professeur de cette école, le P. Lallemand, agrégé de l'Université, soutenait en Sorbonne une thèse de doctorat ès lettres, dont un chapitre est précisément consacré à l'école de Saint-Magloire, dont Senault fut le maître, et Fromentières le disciple (1).

(1) *Histoire de l'éducation dans l'ancien Oratoire de France*, par Paul Lallemand. Paris, E. Thorin, 1888.

Pour en revenir au seul Fromentières, il a eu l'heureuse fortune de prendre la parole dans deux autres occasions importantes, bien propres à inspirer et à illustrer un orateur. Avant d'être appelé à rendre hommage à son ancien professeur d'éloquence, il avait eu à louer le maître des maîtres, celui en qui se personnifie l'éloquence. C'est lui, en effet, qui prononça, le 21 septembre 1670, en présence de l'Assemblée générale du clergé, le sermon du sacre de Bossuet. Ce discours est digne du sujet et les mérites tout récents de la prédication du nouvel évêque sont appréciés par un contemporain et un rival avec une sûreté de goût véritablement admirable. Quatre ans plus tard, le 2 juin 1674, au lieu et place de Bourdaloue empêché, Fromentières, devenu évêque d'Aire, prêchait le sermon de vêture de Mlle de La Vallière. Son discours est un chef-d'œuvre de délicatesse. L'orateur a été bien inspiré par les circonstances, il a dit ou fait entendre tout ce qui pouvait être pour l'auditoire une leçon salutaire, et il a pu faire passer dans le cœur de ceux qui l'écoutaient l'émotion sincère qu'il éprouvait lui-même. L'effet fut très grand. « Je n'ai jamais ouï de ma vie un si beau sermon, écrivait Mlle de Scudéry à Bussy Rabutin. » Bayle allait jusqu'à prétendre que Bossuet lui-même, l'année suivante, pour la profession de l'illustre pénitente, n'avait fait que « rebattre les pensées dont s'était servi l'évêque d'Aire. » Si l'Académie me le permet, j'espère lui prouver que ces deux discours peuvent encore être lus de nos jours avec plaisir, et que, en particulier, ils ne le cèdent en rien à l'oraison funèbre du P. Senault.

II

DISCOURS

DE

DISTRIBUTION DE PRIX [1]

Messieurs,

Les établissements de l'Etat ont l'heureux privilège d'accomplir le dernier acte et le plus solennel de l'année classique en présence des autorités de la ville et du département, sous la présidence d'un délégué du Ministre de l'Instruction publique. Partout les représentants des pouvoirs publics se prêtent volontiers au rôle que leur impose une situation officielle et que rend plus agréable leur amour d'une jeunesse qui est l'espoir du pays; mais j'ose dire, par une expérience vieille déjà de plus de dix ans, que nulle part ils n'y apportent plus d'empressement et de bonne grâce que dans cette chère cité de Laval. Je les remercie de dérober au souci des affaires et à l'administration de la chose publique quelques heures pour venir distribuer, au nom de la société, des prix dont les plus beaux sont offerts par eux-mêmes avec une libéralité qui se renouvelle et s'accroît chaque année. Je remercie entre tous l'homme bienveillant et généreux qui a tenu peu de compte d'un déplacement pénible et de la fatigue d'un long voyage pour

(1) Discours prononcé par l'abbé Follioley à la distribution des prix du lycée de Laval, de juillet 1883, présidée par M. Lecomte, député de la Mayenne.

venir présider cette cérémonie, à laquelle sa présence donne le caractère d'une fête de famille. Il appartient, en effet, à cette maison dont il a vu les commencements modestes et il a été l'un des premiers élèves du collège naissant de Laval. En est-il qui ait donné à la longue suite de ses plus jeunes successeurs de meilleurs et plus salutaires exemples de persévérance dans le travail, de succès dans les entreprises sagement conçues et heureusement conduites, d'accomplissement scrupuleux du devoir dans la vie privée aussi bien que dans la vie publique ?

Mes chers amis, dans le discours que vous venez d'entendre et que j'ai eu le plaisir de lire avant vous, j'ai retrouvé la fidèle et vivante image de lieux qui nous sont également chers, et, à plus d'un endroit, je vous ai retrouvés vous mêmes, moi qui vous connais bien. Un trait surtout m'a frappé que je puis bien relever et noter en passant, même dans ce jour de fête. Cette *douceur Angevine* dont votre professeur, se souvenant que le Maine confine à l'Anjou, vous a fait justement un mérite est une qualité certes des plus aimables et qui fait le charme du commerce de la vie. Pourtant elle n'est pas sans péril, elle risque de supprimer l'effort, de déshabituer de la lutte et pourrait tourner en indolence ou en mollesse. Dès le collège il ne faut pas se contenter ainsi à peu de frais et, quel que soit le succès, il y a toujours mieux à faire. C'est ce que ne cessent de vous apprendre vos maîtres : ils ne se tiennent pour satisfaits que lorsque, pour exprimer une pensée d'une incontestable justesse, vous avez trouvé le mot propre, le mot unique qui s'est dérobé longtemps à vos recherches et à votre poursuite et que vous avez saisi enfin par un acte vigoureux de l'esprit et une sorte de prise de possession de l'intelligence. Ce qui est vrai du style et de l'art de bien dire s'applique plus exactement encore à l'ensemble des études, qui demandent à être continuées avec plus de largeur et de désintéressement que n'en comportent, par exemple, la préparation spéciale d'un examen et la conquête laborieuse d'un diplôme.

En ce qui me concerne, j'aurais mauvaise grâce à médire

même du plus humble des grades Universitaires, et je suis moins que personne insensible au plaisir de lire, dans notre palmarès, une liste de cinquante ou soixante candidats heureux. Oui, mes amis, il est bien d'être bachelier et cela paraît d'autant meilleur à quelques-uns qu'ils n'ont pas cueilli sans peine le précieux rameau sur l'arbre avare de la science. Mais, en même temps que bachelier, il convient d'être, comme nous disons dans notre langue de collège, un bon rhétoricien ou un bon philosophe. Ainsi ont pensé, je me plais à le rappeler, plusieurs de vos devanciers qui ont tenu à honneur de cultiver la science pour elle-même, d'apprendre pour savoir, et qui ont été payés par surcroît de leur peine par d'honorables succès dans les concours Universitaires. Si je dressais la liste de cette glorieuse élite, je ne trouverais pas beaucoup moins de vingt anciens élèves qui, professeurs de lycée ou de collège, élèves de l'Ecole normale, boursiers de licence, sont venus déjà ou vont bientôt grossir nos rangs et paient ainsi notre dette de reconnaissance à l'Etat qui nous donne des maîtres dévoués et habiles. Je distingue sur vos bancs plusieurs jeunes gens des mieux doués, qui s'apprêtent à suivre les premières traces et qui, eux aussi, ambitionnent de consacrer leur jeunesse à l'étude et leur vie à l'enseignement public. Ce sont là des traditions qui commencent, desquelles vos professeurs et moi nous ne sommes pas peu fiers et qui ont mis sur les lèvres bienveillantes d'un de nos Inspecteurs généraux cette parole flatteuse au-delà de nos mérites, que le lycée de Laval était un des séminaires de l'Université.

Assurément, mes amis, je souhaite à chacun de vous la supériorité dans les travaux de l'esprit, mais je sais bien que mon souhait est irréalisable, parce que Dieu a réparti inégalement ses dons et qu'il n'appartient à personne de créer et de développer les facultés qu'il a refusées. Du moins, ce rang modeste, cette médiocrité qu'il est nécessaire à quelques-uns d'accepter, dans l'ordre des choses de l'intelligence, n'est imposée à personne ou, pour mieux dire, doit être rejetée par tous, dans l'ordre des choses du cœur et du caractère. On peut rester sans honte de demi-savants ; on ne peut pas être à moitié honnête ou vertueux. Comme, en pareille matière, tout dépend de la libre volonté, aucun progrès n'est interdit au plus jeune aussi bien qu'au plus âgé d'entre vous, et toutes les ambitions, si hautes qu'elles soient, sont justifiées et peuvent être satisfaites. C'est en ce sens surtout que le collège est l'apprentissage et le noviciat de la vie. C'est ici, chers élèves, c'est dans la pratique quotidienne de vos vertus d'écoliers que vous commencez à donner votre mesure et que l'enfant fait pressentir ce que l'homme deviendra un jour. Là est la raison et, si vous voulez, l'excuse de cette éducation en commun commencée si tôt, qui vous ravit, dès vos plus jeunes années, à l'affection de vos mères, à la douceur du foyer paternel, à la liberté de votre première enfance. Là est la raison de cette discipline, gênante à coup sûr avec ses nécessités de régularité, d'ordre et de silence, qui retient et dirige vos mouvements et qui préside à tout le détail de votre vie d'écoliers.

La douceur des mœurs publiques et une plus tendre condescendance pour la jeunesse ont diminué les sévérités de la règle traditionnelle et y ont introduit des tempéraments inconnus de vos pères. Cette règle demeure suffisamment armée pour assouplir de bonne heure la volonté et la plier à l'obéissance : elle est aidée d'ailleurs par des institutions scolaires de date récente et d'un effet décisif. Tels sont, par exemple, les exercices militaires. Comme dans tous les exercices physiques, le corps y trouve d'abord son avantage et il n'est pas de meilleure gymnastique et de moins périlleuse. J'estime que le caractère et le cœur en retirent encore de plus réels profits. Quand, en dépit de la mobilité et de la vivacité naturelles à leur âge, je vois ces petits soldats de quinze ans, tranquilles et silencieux dans le rang, réglés et fermes dans leur allure, soumis à l'ordre d'un camarade décoré d'un galon d'or ou de laine, je me dis qu'ils reçoivent et qu'ils acceptent une des meilleures et des plus fécondes leçons morales qu'on puisse leur donner au lycée. Et si je m'élève au dessus de ces considérations individuelles, je découvre de bien autres avantages et plus précieux dans ces bataillons scolaires qu'il serait aussi malséant d'exalter que de railler hors de propos. Ma situation de proviseur et mon caractère de prêtre m'imposent également la réserve sur un sujet délicat, et ne me permettent pas de manifester les secrètes espérances qui sont depuis douze ans au cœur de tout bon Français ; du moins je puis dire tout haut qu'on ne porte pas impunément un uniforme qui rappelle celui du soldat. En le revêtant une fois, il semble que le cœur bat plus vite et plus fort, on est tout imprégné d'un parfum de dévouement et de patriotisme, on se sent plus porté au sacrifice et à celui de tous que commande le plus l'heure présente, au sacrifice pour la patrie et au dévouement à la France.

III

DISCOURS

PRONONCÉ AU MARIAGE DE M. B... AVEC Mlle S...

EN 1902, EN L'ÉGLISE NOTRE-DAME DE DOUAI

« *Deus Israel conjungat vos et ipse sit vobiscum.* » L'Eglise catholique qui va bénir et consacrer votre union m'impose le devoir de vous en rappeler la nature et les obligations. Or il n'est personne qui ait parlé du mariage avec plus de compétence et d'autorité que Saint Augustin. Enumérant les divers avantages dont Dieu a pourvu cet état, le grand docteur les réduit à trois principaux : l'éducation des enfants qui en est la fin, la foi conjugale qui en est le nœud, le sacrement qui en est le principe essentiel sous l'empire de la loi de grâce : « *bonum habent nuptiæ, et hoc tripartitum proles, fides, sacramentum.* »

Le mariage est donc trois choses, et trois grandes choses. Il est un sacrement, c'est-à-dire qu'il a été institué par Notre-Seigneur, qu'il est vénérable et saint à l'égal des autres sacrements, et qu'il est la source des mêmes grâces. Il demande donc à être embrassé par des motifs aussi chrétiens, avec une pureté égale de cœur, et dans des dispositions aussi parfaites. Il faut que vous approchiez de cet autel où le ministre de Jésus-Christ va recueillir vos serments avec une conscience aussi nette, des espérances aussi chrétiennes, une piété aussi vive, une foi aussi entière qu'au jour béni de votre première communion où vous avez reçu pour la première fois le corps divin du Sauveur. Et admirez combien la sainte Eglise est présente et agissante dans tous les actes considérables de votre vie. Elle vous a reçus à votre premier jour, et elle vous assistera à votre dernier. Aujourd'hui, elle rapproche et confond vos deux existences en une seule, se proposant elle-même en exemple, et vous donnant comme modèle l'union mystique qui l'a faite, depuis des siècles, l'épouse fidèle de son divin fondateur.

Le mariage est une société, « *fides*, » une société intime, durable, fondée sur le respect mutuel de vos devoirs chrétiens. Tout à l'heure, dans la messe qui sera célébrée pour vous à cet autel, l'apôtre va vous instruire des caractères que cette union doit nécessairement avoir. « *Viri diligite uxores vestras, sicut et Christus dilexit Ecclesiam.* » Dans l'affection que vous devez vous porter l'un à l'autre, la règle à garder est de vous inspirer des sentiments que Jésus a voués et conservera toujours à son Eglise. C'est là votre modèle et la loi suprême de votre union. Est il besoin d'ajouter, pour des chrétiens comme vous l'êtes, que le mariage demeure à jamais indissoluble ? Aucune puissance ici-bas ne pourrait prétendre vous détacher l'un de l'autre et briser vos liens. La durée de votre union dépassera les limites de votre existence temporelle ; commencée sur la terre, elle ne s'y consomme pas ; elle continue au ciel et s'y perpétue dans la foi et dans l'amour de Dieu.

C'est Dieu qui va vous unir, et vous comprenez par là quelle doit être la sainteté de votre vie nouvelle. Dieu ne réprouve aucune des joies humaines qu'il est naturel à votre jeunesse de se promettre, et auxquelles aspire votre cœur ouvert à l'espérance. Mais à côté de chacune de ces joies qu'il vous donnera, je le lui demande dans la plénitude de sa bonté pour vous, il a placé, ne l'oubliez pas, un devoir. C'est que, dans tous vos bonheurs, dans toutes vos tristesses, il faut savoir faire la part de Dieu, et la faire digne de lui. Souvenez-vous que l'Ecriture l'appelle un Dieu jaloux, ce qui signifie qu'il entend régner en maître dans les cœurs qui ne battent que par lui, et y primer toutes les autres affections, même les plus naturelles et les plus légitimes. « *Deus Israel conjungat vos et ipse sit vobiscum.* »

Le mariage est encore la propagation légitime et l'éducation des enfants, « *proles* ». C'est un grand honneur aux pères et aux mères que Dieu leur ait réservé la mission de continuer et de perpétuer son règne sur la terre par l'heureuse postérité à laquelle ils donnent le jour. Vos enfants devront, dès le berceau, être fidèles à cette glorieuse origine, et préparés en vue de ces destinées providentielles. Grâce à Dieu, mes chers amis, vous n'aurez point sur l'éducation de vos fils et de vos filles des systèmes contradictoires, ayant reçu les principes de la même foi chrétienne, vous, ma chère enfant, chez des religieuses dont notre cité est fière à plus d'un titre, et vous, mon ami, à l'école de maîtres pieux dont on venait recueillir, de tous les coins de la France, les doctes leçons. C'est en vous reportant aux souvenirs et aux enseignements précieux de vos premières années que vous remplirez la tâche qui vous incombe, celle de façonner les chères âmes qui vous sont confiées, qu'il faut considérer comme un dépôt sacré, et qui, sous votre direction et par vos exemples, doivent grandir pour le service de l'Eglise et la gloire de Dieu. Croyez-moi, l'enfant ne saura jamais prier, s'il n'a prié tout d'abord sur les genoux de sa mère, et il ne vénérera jamais mieux son père que lorsqu'il l'aura vu chaque jour découvrir son front et l'incliner devant l'image du Souverain Maître. Je me plais à croire que vous lui apprendrez d'un même zèle à honorer Notre Seigneur Jésus-Christ, et quand les jours solennels des sacrements reçus se lèveront sur ces âmes très pures, vous pourrez verser ensemble les mêmes douces larmes, sans avoir à redouter de ces sourires qui glacent et désespèrent, lorsqu'on les voit apparaître sur certaines lèvres.

Ma bien chère enfant, des liens de confiante et étroite amitié m'unissent, vous le savez, à votre famille ; ils ont marqué ma place dans cette cérémonie, et me font tout naturellement le ministre des bénédictions de Dieu à votre égard. Vous portez un nom qui m'est bien cher et depuis longtemps. Comment, à pareil jour, ne pas réunir dans la même pensée ceux qui l'honorent ou l'ont honoré ? Comment ne pas nommer ce père excellent, dont la tendresse prévoyante a veillé sur vous avec une si touchante sollicitude, et cet oncle trop tôt disparu, dont l'image aimée revit dans toutes les fêtes de famille, et ce jeune et brillant officier, doublement votre frère, par les traits du caractère autant que par les liens du sang ? Je n'ai pas connu votre digne mère, mais j'ai recueilli des témoignages qui perpétuent sa mémoire, et on m'a dit de quelle empreinte ineffaçable elle avait marqué votre jeunesse, la part qu'elle avait prise dans la formation de votre intelligence et de votre cœur, part si grande et si décisive que, pour bien faire, il vous suffira de lui ressembler. Vous ne pouvez pas vous proposer un plus parfait modèle, et je ne doute pas que vous le réalisiez pleinement. Je m'assure que par une tendresse attentive et prévenante, par la douceur et l'égalité de votre humeur, par la déférence à ses justes désirs, vous voudrez faire le bonheur de votre époux, le charme et l'honneur de son foyer. Ici encore le passé me garantit l'avenir. Vous saurez montrer, comme femme et comme épouse, ce que vous avez été, enfant et jeune fille, dans cette chère maison paternelle que vous avez remplie des plus solides qualités, relevées par tant de bonne grâce, de franchise et de générosité.

Permettez-moi, Monsieur, de m'adresser également à vous. Vous n'êtes pas un inconnu pour moi. Tous ceux qui vous ont approché se plaisent à rendre bon témoignage de vous, et s'accordent à affirmer que vous avez préludé à une vie utile et sérieuse par une jeunesse laborieuse et sans reproche. Vous êtes de bonne race, et vous avez reçu, dès l'enfance, des leçons qui ne s'oublient pas, dans une famille où chacun se plaît à rendre à Dieu ce qui lui appartient. Tout à l'heure, au saint sacrifice, je vais unir à votre nom la pensée de votre père qui a amassé un si précieux patrimoine de vertu et d'honneur, la pensée de cette mère chrétienne dont le dévouement inépuisable a si tendrement adouci les commencements difficiles de votre carrière. Soyez digne de vos parents ; ne laissez rien perdre des traditions qu'ils vous ont léguées. Entre bien d'autres salutaires exemples proposés à votre piété filiale, ils vous ont donné le modèle de l'union la mieux assortie, la plus paisible, la plus parfaitement heureuse. Je ne souhaite pas un bonheur plus grand pour vous, et j'ajoute qu'il dépend de vous de le réaliser dans la famille dont vous allez devenir le chef : « *Vir caput est mulieris, sicut Christus caput est ecclesiæ* », dit l'apôtre saint Paul. Aimez l'épouse de votre choix ; elle va mettre dans votre main une main loyale et pure, répondez à sa confiance par votre absolu dévouement ; aimez-la d'un amour respectueux, d'un amour fidèle, d'un amour unique et de prédilection, comme Jésus-Christ a aimé son Eglise, c'est-à-dire comme il n'est pas possible d'aimer davantage ni mieux.

J'ajoute un dernier mot, mes chers amis, qui renferme un conseil de pratique chrétienne. Vous avez pris, et vos parents avec vous, toutes les précautions pour que votre union ne soit pas troublée, et j'ai le ferme espoir que le plus léger nuage ne viendra jamais obscurcir votre bonheur. Il est facile de vivre en parfait accord lorsqu'on s'est d'abord interrogé sincèrement l'un et l'autre, et qu'on s'est trouvé, sur les points essentiels, en communauté de vues, et dans cette parfaite harmonie de sentiments sans laquelle ne peut exister l'union nécessaire des âmes. Que si, malgré cette épreuve qui a tourné à votre commune satisfaction, se rencontraient jamais dans votre vie des heures douloureuses où votre tendresse mutuelle ne suffirait pas à ramener le calme et la paix dans vos cœurs, souvenez-vous que Dieu a consacré votre union, et que, comme il est le maître souverain, il est aussi le seul consolateur véritable. Allez chercher auprès de lui le remède efficace ; venez, auprès du saint autel, solliciter et mériter la grâce qui peut tout, et qui sera, pour vous et pour votre époux, le plus sûr gage d'entente cordiale, d'affection durable, et par conséquent de bonheur sur la terre et dans le Ciel.

IV

DÉPOSITION DE M. L'ABBÉ FOLLIOLEY

DEVANT LA

COMMISSION D'ENQUÊTE DE L'ENSEIGNEMENT SECONDAIRE[1]

M. le président. — Monsieur l'abbé Follioley, vous êtes proviseur honoraire de l'Université, vous avez demandé à être entendu aujourd'hui parce que vous veniez à Paris. Vous siégez dans une commission du ministère ?

M. Follioley. — A la commission des bourses, monsieur le président.

M. le président. — Nous sommes très heureux de vous entendre. Vous avez fait partie pendant de longues années de l'Université ?

M. Follioley. — Pendant trente-deux ans, de 1866 à 1898.

M. le président. — Vous avez été professeur ?

M. Follioley. — Oui, mais dans l'enseignement libre, avant 1866, pendant huit ans. Je compte trente deux années ininterrompues d'administration universitaire.

Quand j'ai quitté l'enseignement l'année dernière à Pâques, j'étais le doyen des proviseurs de France ; j'avais connu tous mes collègues professeurs, censeurs ou proviseurs.

(1) Cette déposition figure au t. I des procès-verbaux de l'enquête, pp. 464-481.

J'ai été dans cinq maisons successives, je suis entré dans l'enseignement en 1866, sous le ministère de M. Duruy, avec lequel j'avais eu des relations personnelles, et j'en suis sorti, comme je viens de vous le dire, en 1898, à Pâques. J'ai été principal dans deux collèges, celui de Saint-Claude, dans le Jura, et celui de Lesneven, dans le Finistère. J'ai été proviseur dans trois lycées, à Laval, à Caen et à Nantes.

M. le président. — Vous avez quitté récemment les fonctions de proviseur ?

M. Follioley. — En 1898, à Pâques.

M. le président. — Vous avez laissé le lycée de Nantes en grande prospérité ?

M. Follioley. — Je l'ai laissé avec 1.050 élèves, et la commission apprendra avec plaisir que cette prospérité se maintient, du moins en ce moment, car mon successeur, qui avait été sept ans mon censeur, compte plus d'élèves que je ne lui en ai laissé. La maison renferme en ce moment-ci près de 1.100 élèves.

C'est à ce titre de proviseur que je viens me présenter devant vous, et c'est sur le sujet tout spécial de l'administration des lycées que j'ai désiré être entendu par la commission.

M. le président. — Elle vous entendra avec le plus grand intérêt, monsieur le proviseur.

M. Follioley. — En même temps que j'ai été le doyen des proviseurs, je suis le dernier survivant des proviseurs ecclésiastiques, je suis le dernier représentant d'une espèce probablement perdue.

Depuis la création de l'Université par Napoléon Ier, il y a eu 108 proviseurs ecclésiastiques, je suis le cent-huitième et dernier.

Dans trois maisons que j'ai successivement gouvernées, à Laval, à Caen et à Nantes, il ne paraît pas sans intérêt de faire remarquer à la commission que j'avais été précédé par des ecclésiastiques presque immédiatement.

Le lycée de Laval a été créé en 1842, sous Louis-Philippe. Il eut comme premier proviseur l'abbé Dours, qui est mort évêque de Soissons et qui a su dans le pays se créer de nombreuses sympathies.

A Caen, deux proviseurs ecclésiastiques ont marqué ; d'abord l'abbé Daniel, qui a fini comme évêque de Coutances, après avoir été inspecteur général de l'Université ; ensuite l'abbé Desprez, qui a occupé ses fonctions vingt-huit ans et qui était connu et respecté dans tout le Calvados. Il a pris sa retraite et est mort en 1881.

Enfin, au lycée de Nantes où je suis allé en dernier lieu, il y avait eu, depuis la création de l'Université, six proviseurs ecclésiastiques avant moi ; j'ai néanmoins succédé à des proviseurs laïques.

En parlant ainsi de mes collègues qui m'ont précédé, je dois rendre hommage à leur souvenir, ils ont été certainement de bons serviteurs de l'Université.

Je dois avouer, bien qu'il ne soit pas séant de parler de soi-même, que le succès dont j'ai joui — il est de notoriété publique — dans les cinq établissements qui m'ont été confiés, a été dû en partie, surtout dans les trois lycées de l'Ouest que j'ai gouvernés, à mon caractère de prêtre. Je représentais une conciliation et je maintenais à l'Université bien des familles qui auraient pu s'en séparer, surtout à certains moments. Aujourd'hui même, je crois, en particulier, qu'au lycée de Nantes que je quitte, la confiance est bien établie et que la maison restera dans la situation où je l'ai laissée : je l'ai prise avec 49 pensionnaires, je la laisse avec 517 internes et 1.050 élèves.

M. le président. — Et pour les autres établissements que vous avez précédemment dirigés ?

M. Follioley. — A Caen, j'ai gagné 200 élèves.

M. le président. — Sont-ils restés après votre départ ?

M. Follioley. — Pas tous ; mais enfin la maison est dans une bonne situation.

A Caen, d'ailleurs, la besogne était facile, parce que c'est une terre universitaire entre toutes ; il n'y a pas de ville dans l'Ouest où l'on aime plus l'Université qu'à Caen. Cela tient au grand renom de la Faculté de Caen et à l'esprit du pays.

A Laval, il y a eu une baisse assez sensible ; j'avais pris la direction du lycée immédiatement après la guerre ; c'est M. Jules Simon qui m'avait nommé au poste de proviseur de cet établissement.

Je l'ai trouvé avec 250 élèves, je l'ai laissé avec 600 ; il y en a actuellement 350 ; mais c'est ce que comporte normalement un lycée dans la Mayenne.

M. le président. — Voulez-vous nous dire comment vous comprenez la fonction de proviseur ? Pensez-vous que la situation que font à ces chefs d'établissement les règlements et les coutumes est bien celle qui convient ?

Voyez-vous quelques modifications à apporter ?

M. Follioley. — Je considère qu'à Paris il importe peu que telle ou telle personne soit à la tête d'un lycée ; à Paris c'est surtout le renom d'un établissement et la valeur de tels ou tels professeurs qui attirent les élèves : on va à Saint-Louis quand on veut se préparer aux grandes écoles scientifiques, à Henri IV ou à Louis-le-Grand, si l'on se destine aux grandes écoles littéraires, etc.

Le choix des proviseurs pour les lycées de Paris n'est pas aussi important pour l'établissement que la désignation du proviseur d'un lycée de province. Les proviseurs de Paris sont évidemment bien choisis ; mais le proviseur d'un lycée de province est une personne beaucoup plus considérable au point de vue de la prospérité de l'établissement, parce que nécessairement il est très connu et se trouve en relations étroites avec tout le monde, avec les autorités du pays, avec les représentants des pouvoirs publics, avec les familles, ce qui ne peut avoir lieu à Paris quand on est à la tête d'aussi grosses maisons que le sont les lycées de la capitale. Aussi je le répète, le choix des proviseurs de province est encore plus intéressant et plus important que celui des proviseurs de Paris.

J'ai depuis longtemps des idées qui me sont personnelles

sur le choix des proviseurs et je demanderai la permission de les exposer.

D'abord, je suis convaincu qu'il faudrait des proviseurs jeunes ; c'est là surtout que le rajeunissement des cadres est nécessaire. Les proviseurs qui arrivent fatigués et en fin de carrière ne peuvent pas suffire à une tâche aussi complexe et aussi multiple que la nôtre.

Je crois aussi que les meilleurs proviseurs ne sont pas ceux qui ont passé par le censorat et mon avis même très formel est qu'il faudrait prendre les proviseurs uniquement parmi les professeurs. Il s'agirait seulement de les bien choisir.

Il y a, dans tous les lycées, surtout dans ceux d'une certaine importance, des professeurs qui ont sur leurs collègues, sur leurs élèves, sur toutes les personnes avec lesquelles ils sont en relations, un ascendant moral qui offre toute espèce de garanties et l'on pourrait leur confier en toute sécurité la direction d'une maison.

Je crois qu'il serait bon, pour cette désignation, de demander de premières indications aux proviseurs eux-mêmes. Nous sommes, sous ce rapport, les mieux placés pour discerner dans notre personnel, autour de nous, quels sont ceux de nos collaborateurs auxquels on pourrait remettre le gouvernement d'un lycée.

Pour ma part, j'ai eu l'occasion d'en désigner plusieurs ; certains avaient passé par le censorat, et ils ne s'y étaient pas attardés, mais tous ont réussi et font bonne figure dans l'Université. Je citerai le proviseur de Rennes, M. Poutrin, qui a été mon censeur ; M. Ouvrard, proviseur au lycée de Clermont, qui a également été mon censeur ; M. Fournier, proviseur au lycée de Cahors ; M. Amaudrut, proviseur au lycée de Laval, qui n'a pas passé par le censorat et qui, de professeur, a été nommé directement proviseur. On n'a pas eu lieu de le regretter.

Seulement, les meilleurs d'entre les professeurs, ceux qu'il faudrait choisir de préférence, ne s'y prêtent pas facilement ; d'abord, parce que quelques-uns ont tellement le goût de leur enseignement qu'ils ne quitteraient pas volontiers leur chaire pour l'administration, dans laquelle ils réussiraient pourtant très bien. — je me suis quelquefois heurté à des refus qui ont été regrettables. Il est en effet souvent plus facile de trouver un professeur distingué que de rencontrer, dans une situation particulièrement difficile, un administrateur qui convienne à cette situation.

De plus, la fonction de proviseur exige un renoncement, une abnégation complète.

Le proviseur doit être l'âme de sa maison; depuis le matin jusqu'au soir, il doit veiller au bien de son établissement, non pas seulement en cours d'année, mais même pendant les vacances où il doit avoir cure de constituer son personnel. A cet effet, il doit venir à Paris pour ne pas se laisser donner des professeurs quelconques et pour les choisir dans la mesure où il le peut, où il lui est permis de le faire.

Il faut qu'il aille au chef-lieu de l'académie pour choisir ses répétiteurs qui sont des collaborateurs immédiats; il est bon qu'il accompagne ses élèves aux examens d'admission des grandes écoles de l'Etat. Pour ma part, j'ai conduit le plus souvent possible mes élèves aux examens de l'école Polytechnique, de l'école Centrale, de Saint-Cyr, ainsi qu'au baccalauréat. Cela prend une bonne partie des vacances. Le proviseur a de plus le devoir de se trouver présent à l'établissement quand les parents viennent présenter les élèves nouveaux. Bref, il est obligé de sacrifier à peu près ses vacances au recrutement ou à l'organisation de sa maison.

Aussi tous les professeurs ne sont-ils pas disposés à accepter ce fardeau, je parle surtout pour ceux d'entre eux qui ont des études intéressantes et qui réfléchissent qu'ils pourront venir les continuer à Paris, car les meilleurs professeurs de province viennent tout naturellement dans les lycées de Paris.

Ce n'est pas là la seule raison pour laquelle il est difficile de trouver des proviseurs parmi les professeurs. Il en est une autre. C'est que la situation des proviseurs a bien changé depuis vingt-cinq ans. Peu à peu on nous a retiré toutes nos prérogatives et nous sommes arrivés à être enserrés par les règlements d'une façon telle que, si nous nous laissions faire, nous n'aurions absolument qu'à suivre l'impulsion qui nous viendrait d'en haut.

C'est là surtout qu'une décentralisation convenable, raisonnable, est nécessaire. J'en citerai à la commission des exemples qui l'étonneront peut-être. Ainsi, je ne peux pas nommer mon concierge. C'est le recteur, qui naturellement ne le connaît pas. Il nomme celui que je lui désigne, mais enfin pourquoi m'obliger à faire un long rapport, qui doit passer par l'inspecteur d'académie, lequel ne connaît pas le candidat concierge plus que le recteur lui même? C'est une perte de temps pour les trois fonctionnaires, recteur, inspecteur et proviseur.

On a créé il y a quelques années, et c'est une mesure excellente, prise sur la demande de M. l'inspecteur général Fernet, des aides de physique. Ce sont des garçons de physique qui ont fait leurs preuves et qui, après un an de stage, reçoivent le titre d'aides. Nous ne pouvons pas les nommer. C'est le recteur. Il faut même que la proposition dépasse le chef-lieu académique. Le rapport tendant à la nomination va à Paris en passant à chaque voyage par tous les intermédiaires hiérarchiques.

Tout cela n'est qu'embarrassant. Mais il y a d'autres mesures plus fâcheuses. Nous avions autrefois une prérogative sérieuse qui consistait à disposer de la gratuité pour un dixième de l'effectif de l'externat. Cela nous était très précieux, parce que souvent, quand nous voyions des enfants très méritants, de familles intéressantes elles-mêmes, nous pouvions, sans recourir à Paris ni à l'académie, les admettre à titre gratuit. Maintenant, pour une gratuité d'externat, il nous faut constituer un dossier copieux. Il faut commencer par faire subir un examen à l'enfant. Cet examen subi avec succès, le dossier, très volumineux, va à l'inspection académique, puis au ministère, d'où il revient après un délai plus ou moins long, souvent lorsque l'occasion est perdue d'acquérir une utile recrue.

Et ainsi de toutes choses. On a restreint beaucoup l'autorité des proviseurs. Si on veut avoir des hommes qui se donnent de tout cœur à leur tâche. il faut leur restituer la plus grande partie des prérogatives qu'on leur a enlevées.

M. le président. — C'est une tendance qui s'est manifestée depuis vingt ans ?

M. Follioley. — Elle a toujours existé. mais surtout depuis une vingtaine d'années.

M. le président. — Il a dû en résulter une paperasserie beaucoup plus grande ?

M. Follioley. — Oui. elle est grande partout, mais elle n'est pas la même partout. parce qu'il y a des académies où le recteur la simplifie beaucoup. Pour moi, j'appartenais à celle de Rennes. dont le recteur est aussi peu paperassier que possible. Mais je vois beaucoup de mes collègues qui sont obligés de faire en trois. quatre et cinq expéditions ce que nous faisons en une seule. Cependant. sous ce rapport aussi. les proviseurs ont beaucoup à faire. Je ne parle pas des grands lycées. mais des petits où on leur refuse tout secrétaire. Je n'ai jamais souffert de ce mal, mais j'ai connu bien des collègues qui en ont été victimes. Il y en avait qui menaient la vie d'employés de bureau. Du matin au soir, ils étaient occupés à faire des tableaux superbes. de beaux états pour le ministère ou l'académie. Ils n'étaient cependant pas faits pour cela.

Nous avions aussi une certaine initiative pour le choix de nos répétiteurs. Mais là. il y a le pour et le contre, et j'y viendrai dans un instant si vous le permettez.

M. le président. — Vous qui avez une expérience aussi longue et aussi complète, ne pourriez-vous pas préciser dans une note les prérogatives qu'il serait intéressant de rendre ou de donner aux proviseurs ? Car nous voulons arriver à des résolutions et ne pas nous borner à des échanges de vues. Nous vous serions très reconnaissants de cette communication.

M. Follioley. — Volontiers.

L'autorité, disais-je, c'est bien, mais l'initiative devrait aussi être plus grande. Il ne faudrait pas que tous les lycées se ressemblent et qu'on enseignât nécessairement les mêmes choses au lycée de Saint-Omer, que M. le président connaît bien, et au lycée de Toulon. Pour moi, j'ai été un peu l'enfant gâté de l'Université, et en ce moment je plaide beaucoup plus la cause de mes anciens collègues que la mienne propre. Je voudrais qu'il fût permis à un proviseur, lorsqu'il reconnaît une mesure comme absolument nécessaire, particulièrement dans la région où il se trouve, de faire des propositions et des propositions qui aboutissent. On n'approuverait pas, par exemple, que nous nous permettions de faire des propositions pour la création d'un cours qui nous semblerait convenir à la région dans laquelle nous nous trouvons ou de demander des heures supplémentaires qui n'auraient pas été approuvées par l'inspection générale, laquelle ne passe qu'une fois par an. Cependant, dans l'intervalle, des nécessités peuvent se faire sentir. Il y a des terrains sur lesquels la concurrence est extrêmement ardente entre les maisons libres et celles de l'Etat ; il y a notamment celui de la préparation aux écoles. A Nantes, j'ai pu arriver à développer la préparation à l'école Polytechnique et à Saint-Cyr, qui a donné des résultats. Je barrais le chemin aux jeunes gens de la Bretagne qui, au lieu d'aller à Paris, s'arrêtaient chez nous.

Cela ne se fait pas tout seul. Il faut, pour lutter avec les établissements de Paris, qui sont très riches, qui ont des ressources à l'infini, multiplier les interrogations, créer ce qu'on appelle des *colles*. Il va de soi qu'il y faut de l'argent. Je voudrais donc qu'on laissât aux proviseurs, sinon la décision — je ne le demande pas —, au moins le droit de faire des propositions et qu'on les encourage même à adresser de semblables demandes.

Enfin, il est un sujet très délicat, mais que je demande la permission de traiter en toute liberté, parce que beaucoup de mes jeunes collègues souffrent de l'état de choses actuel.

Je voudrais que les proviseurs fussent rendus un peu plus indépendants.

Voici ce qui se passe. Autrefois, dans la vieille Université dont j'ai été l'élève, le proviseur était sous l'autorité immédiate du recteur. C'était le régime des vingt-cinq ou vingt sept académies du règne de Louis-Philippe. Le recteur était assisté d'un ou deux inspecteurs résidant au chef-lieu de l'académie, puis venait le proviseur. L'inspecteur était ce qu'il est encore à Paris — car le mal que je vais indiquer est spécial à la province. A Paris, les inspecteurs d'académie sont sous la main du recteur ; ils inspectent et n'administrent pas. Ils vont voir ce qui se passe surtout où le recteur les envoie et les portes des lycées leur sont toujours ouvertes. En province, la loi de 1850 avait créé des recteurs départementaux ; quand, en 1853, ceux-ci ont été supprimés et qu'on a constitué de grands rectorats, on a laissé au chef-lieu de chaque département l'ancien recteur départemental, mais sous le nom d'inspecteur d'académie.

Ils sont devenus des sous-recteurs, de sorte qu'au lieu d'avoir un seul chef, nous en avons eu deux, un dans le département et un autre à l'académie. Eh bien, c'est trop de deux : je vous assure qu'avec un nous en aurions bien assez. (*Sourires.*) De plus, ces chefs sont beaucoup plus jeunes que nous en général ; il s'est fait, par suite de considérations, de nécessités politiques, tout un corps d'inspecteurs d'académie jeunes. L'enseignement primaire leur donne beaucoup de travail ; l'inspection académique, au lieu d'être comme sous Louis-Philippe une sorte de canonicat universitaire, est devenue une fonction très active et pour laquelle il a fallu des hommes dans toute la vigueur de l'âge. Les proviseurs se sont trouvés sous la direction de jeunes inspecteurs, professeurs de la veille, qui n'ont pas été fâchés de faire sentir, à leur insu, aux proviseurs auprès desquels ils sont placés, qu'ils ont été eux-mêmes sous l'autorité d'un proviseur quelques mois, quelques semaines auparavant, et que les rôles sont renversés. C'est là une situation dont les inconvénients sont manifestes.

En parlant ainsi, ce n'est pas une vengeance personnelle que j'exerce ou une rancune : je n'ai eu que des rapports très agréables avec mes inspecteurs d'académie, mais il y a beaucoup de proviseurs qui ont eu à se plaindre d'inspecteurs d'académie, lesquels, obligés au point de vue de l'enseignement primaire de capituler devant le préfet, se retournaient vers le proviseur et avaient plaisir à faire sentir de ce côté l'autorité qu'ils n'exerçaient pas suffisamment de l'autre.

Je connais des inspecteurs d'académie qui disent : mon proviseur, mon lycée, mes professeurs. Ce n'est pas flatteur pour l'amour-propre des fonctionnaires décorés de ce possessif. Mais il est encore bien plus fâcheux, au point de vue de l'administration, d'être obligé de faire continuellement l'étape inutile de l'inspection de l'académie.

Je suppose que le ministre ait un renseignement à demander pour la commission devant laquelle j'ai l'honneur de parler au proviseur du lycée de Rennes. Il va écrire aujourd'hui au recteur de Rennes. Je ne sais si vous connaissez tous Rennes : le lycée est contigu au rectorat ; les deux bâtiments se touchent. Demain matin, le recteur recevra la lettre du ministre. Demain, c'est congé : la lettre dormira jusqu'à lundi. Lundi, on la copiera à l'académie et on l'enverra non pas au proviseur, dans la maison à côté, mais à l'inspecteur d'académie, qui demeure à l'autre bout de la ville. Celui-ci la fera copier le mardi. C'est le mercredi matin que cette lettre parviendra au proviseur, qui demeure à vingt-cinq mètres du recteur. Et si cela devait servir à quelque chose ! Mais non. Le commis de l'académie mettra : Transmis à M. l'inspecteur ; le commis de l'inspection ajoutera : Transmis à M. le proviseur ; chacune de ces mentions sera revêtue d'une signature. La réponse mettra le même temps et prendra le même chemin pour revenir. Le moindre inconvénient de cette pratique, ce sont des formalités et des détails inutiles.

Les inspecteurs d'académie gagneraient beaucoup à faire en province ce qu'ils font à Paris et rien de plus : c'est-à-dire qu'ils seraient considérés comme les délégués permanents du recteur, chargés de contrôler ce qui se passe dans les lycées nuit et jour. Quant aux décisions, qui n'appartiennent qu'au recteur, je voudrais que les proviseurs de province eussent le droit, dont usent leurs collègues de Paris, de communiquer directement avec le recteur, en se bornant, si on veut, par pure déférence pour l'inspecteur d'académie, à lui envoyer copie de leurs rapports et de leurs lettres de service. Mais il est indispensable, pour la bonne expédition des affaires, que le recteur n'ignore rien, tandis qu'il dépend actuellement des inspecteurs d'académie que le chemin soit barré aux proviseurs et que des affaires auxquelles ils tiennent beaucoup ne parviennent pas au chef duquel ils relèvent.

Ce n'est pas une crainte chimérique que j'exprime. Je suis arrivé une fois dans un lycée, j'en ai pris possession et j'y ai trouvé copie d'un rapport important qui avait été arrêté à l'inspection académique et dont le recteur n'avait pas eu connaissance.

Si l'on veut avoir des proviseurs tout à fait dignes de leur tâche, on gagnerait à leur donner plus d'autorité, d'initiative et d'indépendance. On gagnerait encore à les laisser le plus longtemps possible là où ils réussissent. La permanence des chefs de lycée, leur avancement sur place, sont autant de conditions excellentes de succès. C'est ainsi que je suis resté près de quinze ans dans la Mayenne. J'étais arrivé à connaître tout le monde et à être connu de tout le monde. J'avais une très grande supériorité sur des collègues qui y seraient restés trois ou quatre ans seulement, ce qui est la moyenne de ce qu'un proviseur demeure dans une localité. Voyez ce qui s'est passé à Nantes, lycée qui a été presque toujours en souffrance : j'en ai été le vingt cinquième proviseur. Comme il y avait quatre-vingts ans qu'il était fondé (1809-1890), cela faisait une moyenne de trois ans et quelques mois pour chacun.

De plus, il n'y a plus guère d'espoir qu'on nomme des proviseurs ecclésiastiques. Les proviseurs sont des pères de famille auxquels il faut faire une situation qui sauvegarde leurs intérêts matériels. Or, les proviseurs ne sont pas rétribués comme ils devraient l'être.

La preuve, c'est que les proviseurs de grandes villes de province, Marseille, Lyon, Bordeaux, aspirent à devenir censeurs à Paris, parce qu'en cette qualité ils reçoivent un traitement plus élevé. C'est très fâcheux. Habitués à gouverner, ces proviseurs ne se résignent qu'avec peine à passer au second rang, où ils ne rendent plus les mêmes services. Je voudrais donc qu'on accordât aux proviseurs ce qu'on a, à juste titre, accordé aux professeurs. Vous savez que les professeurs titulaires sont rangés en six classes, plus une classe hors rang. Eh bien, on pourrait maintenir les traitements actuels des proviseurs, mais décider que lorsqu'ils auraient passé cinq ans dans la première classe on pourrait leur donner les 1.000 francs supplémentaires qu'on donne aux professeurs de Paris qui comptent parmi les plus méritants. Ce ne serait pas une obligation, mais on ferait cette faveur à ceux qui en seraient jugés dignes. Il y aurait grand avantage à placer les proviseurs des grandes villes dans une situation supérieure à celle des censeurs de Paris. Cela leur retirerait le désir de venir à Paris et cela augmenterait leur retraite.

D'ailleurs, les proviseurs n'ont aucun des avantages des professeurs : on ne leur permet pas de donner des leçons particulières, de faire des conférences, d'écrire dans les revues, etc. Ils n'en auraient pas le temps.

J'ai maintenant quelques mots à dire des répétiteurs. J'ai bien l'expérience de ce personnel, puisque je quitte une maison où j'en avais plus de trente. Ce personnel, pris dans son ensemble, a gagné beaucoup depuis un certain nombre d'années. Il est de beaucoup supérieur à ce que je l'ai connu dans les premiers temps où j'étais proviseur. Pourquoi ce personnel est-il néanmoins si difficile à manier et si obstinément mécontent ? C'est parce que les décrets qui ont constitué sa situation, ceux de 1887 et 1891, ont, pour ainsi dire, fermé la carrière. Des gens auxquels on a dit : « Vous n'irez pas plus loin, vous passerez votre vie dans les mêmes fonctions », essayent naturellement de l'améliorer le plus possible. Jamais vous ne l'améliorerez assez, car jamais vous ne pourrez faire aux maîtres-répéti teurs une situation telle qu'ils soient satisfaits. Le répétitorat est si bien une carrière fermée qu'au mois d'août dernier des répétiteurs ont été, comme tels, mis à la retraite, phénomène tout nouveau. C'est ainsi que M. Lemaire, maître-répétiteur de Henri IV, a été d'abord décoré, puis admis à la retraite pour ancienneté d'âge et de services.

Le seul moyen d'améliorer sensiblement le sort des répétiteurs et de mettre un terme à leurs doléances légitimes, ce serait de déboucher la carrière. Ce n'est peut-être pas facile, mais enfin, ce n'est peut-être pas impossible.

Voici comment. J'ai dit tout à l'heure que je ne voudrais pas qu'on choisît les proviseurs parmi les anciens censeurs. Je ne voudrais pas qu'on supprimât cette fonction de censeur, mais je voudrais qu'il fût loyalement, franchement, publiquement établi d'abord que les censeurs ne deviendront pas proviseurs et, d'autre part, que le censorat devînt le couronnement de la carrière d'une première catégorie de maîtres répétiteurs. Il y aurait trois catégories de répétiteurs : une, composée de ceux qui ont fait preuve de réelles aptitudes à exercer l'autorité et qui ont paru faits pour gouverner des jeunes gens ou des enfants. C'est un don. On ne sait pas pourquoi ce don existe, mais on l'a naturellement ou on ne l'a pas. Les répétiteurs de cette première catégorie, qu'on appellerait, par exemple, des répétiteurs généraux, seraient répartis en classes, deviendraient, par avancement, des surveillants-généraux et s'élèveraient progressivement jusqu'au censorat.

Cette catégorie serait très précieuse, car ce qui nous manque le plus, ce sont les surveillants-généraux éprouvés. Il faut des hommes qui soient assez modestes, assez dévoués, pour passer leur vie entière, pour ainsi dire, avec des jeunes gens si ce sont des surveillants-généraux des grands, avec des petits ou des moyens si ce sont des surveillants généraux des adolescents ou des enfants.

Les grandes maisons libres nous donnent sous ce rapport l'exemple. Il y a toujours eu dans les grandes maisons ecclésiastiques, comme Stanislas, qui est une maison modèle, un préfet de discipline des grands, un préfet pour les petits.

On ne conduit pas de la même façon de grands garçons auxquels il faut laisser une certaine latitude et une certaine liberté, qui sont déjà de jeunes hommes, candidats aux grandes écoles, bacheliers de la veille, qui vont prendre incessamment la robe virile du citoyen, et des petits enfants auxquels il faut des soins particuliers. Pour citer un exemple que M. le président connaît probablement lui-même, j'ai connu autrefois au lycée de Douai, ville que j'habite maintenant, un proviseur qui n'avait jamais été censeur, M. Fleury. Il a été seize ans proviseur de ce lycée, et il l'a élevé à une hauteur incomparable. En même temps il y avait un aumônier, l'abbé Fournet, dont tous les hommes de quarante à soixante ans se souviennent dans le département du Nord, et enfin un surveillant général, nommé M. Pétain, qui s'est dévoué pendant plus de trente ans aux délicates fonctions de surveillant général du petit collège. Il y mettait tant de cœur que les mères de famille lui abandonnaient sans aucune crainte, sans défiance, leurs tout jeunes enfants. Le lycée de Douai n'est plus ce qu'il a été ; mais cela tient à bien des causes et en particulier à ce qu'on n'y a plus rencontré simultanément trois hommes comme ceux dont je rappelle avec respect le souvenir.

Ainsi donc cette première catégorie de répétiteurs trouverait son débouché dans la surveillance générale et dans le censorat. Une seconde catégorie, la plus nombreuse de beaucoup, celle que j'appellerais les répétiteurs divisionnaires, serait composée exclusivement de jeunes gens licenciés. A ceux-là je donnerais une part d'enseignement. Ils présideraient les salles d'études, aideraient à faire les devoirs, feraient réciter les leçons, et deviendraient, avec autant de discrétion que de compétence, des auxiliaires des professeurs. De plus, toutes les fois qu'il y aurait des suppléances à faire, c'est eux que j'en chargerais ; quand le professeur d'histoire serait absent, il y aurait dans tous les grands lycées un licencié d'histoire qui marcherait et le remplacerait ; de même pour le professeur de philosophie et ainsi pour les principaux enseignements. Et ne croyez pas qu'il faudrait chercher longtemps pour trouver ces licenciés; nous en avons en ce moment dans les lycées plus de mille qui attendent une chaire.

Puis, une troisième catégorie, qui serait composée de commis aux écritures. Je les appellerais ainsi, mais là ne se bornerait pas leur fonction.

Comme je voudrais que le proviseur, que le censeur eussent toujours quelqu'un pour faire leurs écritures, parce qu'ils ont une besogne plus relevée et plus utile à remplir, je serais d'avis que, dans chaque lycée, il y eût des commis aux écritures en nombre suffisant pour satisfaire aux exigences du service économique, sans doute, mais aussi pour faire la correspondance administrative et remplir les imprimés scolaires. Ils seraient naturellement indiqués pour être les conservateurs des bibliothèques et de toutes les collections scientifiques.

Les bibliothèques, dans les lycées, sont fort mal tenues, parce qu'elles sont livrées à n'importe qui, parce qu'il n'y a pas non plus de permanence dans la fonction. Les commis seraient d'une manière stable bibliothécaires, non seulement de la bibliothèque générale, mais de la bibliothèque classique et aussi des bibliothèques de quartiers.

Il y aurait, par conséquent, trois catégories de maîtres. D'abord les maîtres destinés à faire des professeurs, les maîtres destinés à faire des administrateurs de second ordre, puis les maîtres destinés à devenir plus tard des économes, et, autant qu'il serait possible, des secrétaires d'académie, d'inspection académique, etc.

J'ai indiqué comment on répartirait les maîtres à l'intérieur des lycées, mais comment les en ferait-on sortir? Je suis convaincu qu'en ce moment-ci on fait, depuis un certain nombre d'années, trop d'agrégés. On pourrait sans inconvénient en réduire le nombre, ce qui ferait d'abord une économie d'argent.

Supposez qu'on réduise le nombre des agrégés reçus annuellement de trente. Cela ferait, en dix ans, 300 agrégés de moins, et dans les lycées, 300 chaires vacantes à donner à une catégorie de fonctionnaires qui n'existent presque plus dans les lycées et qui étaient excellents, je veux parler des chargés de cours. Autrefois, on avait, par exemple, dans les grands lycées et même à Paris, d'excellents chargés de cours pour les mathématiques dans les classes de lettres. Aujourd'hui, on y met un agrégé qui est jeune, car les agrégés qui ont déjà un peu de services ne veulent pas faire ce métier-là. Ces jeunes agrégés n'ont pas d'ordre et pèchent par défaut de discipline, tandis que le vieux chargé de cours maintenait très bien ses élèves. De même, dans les classes de grammaire, un bon chargé de cours fait souvent mieux la sixième — classe de début — qu'un agrégé, auquel manquent la connaissance des enfants et l'expérience de ce qu'on peut en exiger.

Quel serait encore le résultat de la méthode que j'indique ? Ce serait de faire sortir des collèges communaux l'élite des professeurs, qui deviendraient des chargés de cours. Les collèges redeviendraient ce que je les ai connus autrefois, la pépinière des lycées.

Aujourd'hui, comme vous avez pu vous en apercevoir dans vos circonscriptions, il y a précisément un antagonisme entre les grands collèges et les petits lycées. Vous savez que les professeurs des collèges communaux revendiquent le même traitement que les chargés de cours de lycée : « Nous avons, disent-ils, les mêmes titres, nous sommes en fonctions depuis longtemps ; pourquoi nous payerait-on moins ? »

Il y a donc une certaine rivalité, une certaine animosité plus ou moins déclarée entre les collèges de plein exercice et les petits lycées. Le jour où vous aurez un certain nombre de professeurs de collège qui pourraient passer dans les lycées à titre de chargés de cours, ce jour-là vos répétiteurs iraient les remplacer au collège et, au lieu d'avoir simplement vingt répétiteurs qui passent chaque année professeurs de collège, vous en auriez soixante et plus. Vous auriez, par conséquent, la sortie qui vous est nécessaire pour que votre personnel de répétiteurs ne reste pas en permanence dans les lycées.

M. Isambert. — C'est surtout dans l'ordre des licences ès sciences qu'il y a un peu plus d'encombrement.

M. Follioley. — Oui, mais cet encombrement existe aussi pour la licence ès lettres ; beaucoup de licenciés ès lettres attendent une chaire.

M. Isambert. — Je pourrais vous citer le cas d'un licencié qui, depuis douze ans qu'il m'est recommandé, exerce toujours les fonctions de répétiteur. Je vous demande pardon, du reste, de vous citer ce détail ; nous sommes ici pour vous écouter et non pour échanger nos propres témoignages.

M. Follioley. — Voici, pour me résumer, ce qu'il y aurait à faire pour les répétiteurs. Il suffirait simplement d'en revenir à la vieille notion du « répétitorat » et de considérer cette fonction comme un surnumérariat et non comme une carrière.

Je voudrais qu'on dît aux futurs répétiteurs : « Nous allons vous prendre à l'essai, nous vous donnerons un délai, un temps de stage, dont le terme est à fixer et au bout duquel ou vous serez dans une des trois catégories indiquées tout à l'heure, ou vous partirez. » Ce sera dur peut-être, mais ce serait nécessaire ; ce serait le seul moyen, en améliorant le personnel, de ne pas entretenir l'agitation et le mécontentement parmi les répétiteurs.

On leur dirait : « Jeunes gens, vous avez, par exemple, cinq ans devant vous : pendant ce temps, conquérez une licence : sinon, vous n'êtes pas faits pour rentrer dans l'enseignement, car, pour suivre cette carrière, il faut être licencié. En supposant que vous n'arriviez pas à la licence, vous pouvez encore vous tirer d'affaire d'une autre façon ; soyez tellement corrects, réguliers et consciencieux qu'on fasse de vous un commis aux écritures, on vous gardera à ce titre. Ou bien encore, montrez de telles aptitudes pour la conduite et la surveillance des élèves qu'on vous place dans la première catégorie : nous vous conserverons, mais si vous n'êtes pas parmi ceux que j'appellerai les répétiteurs généraux ou divisionnaires ou parmi les commis au bout de cinq ans, c'est fini, nous avons fait un essai loyal, vous avez été prévenus, allez faire vos deux dernières années de service militaire et choisissez une autre voie. »

M. Isambert. — Il n'y aurait que la licence qui leur créerait un droit ; sinon, ce ne serait que sur les notes exceptionnelles des chefs d'établissement qu'ils pourraient être maintenus ?

M. Follioley. — Pour les maîtres placés dans les deux catégories extrêmes, je voudrais qu'il y eût au chef-lieu de l'académie un conseil où tous les proviseurs du ressort seraient réunis, ainsi que tous les inspecteurs. Dans ce comité consultatif d'académie, on nommerait au choix, à mesure qu'il y aurait une place vacante, les maîtres dont je viens de parler. Ce procédé offrirait toute espèce de garanties et d'avantages ; car il y a en ce moment-ci — on peut dire toute la vérité dans cette enceinte...

M. le président. — Nous sommes ici pour l'entendre.

M. Follioley. — Il y a, dis-je, dans chaque académie, où le personnel est excellent, pris dans son ensemble, une dizaine ou une douzaine de vieux maîtres qui constituent un élément détestable et dont on ne sait que faire.

Jadis, quand nous étions nous-mêmes les maîtres des répétiteurs, nous avions le pouvoir de les remercier. J'ai vécu sous le régime où le proviseur choisissait ses répétiteurs, où les répétiteurs n'avaient d'existence que par lui — je ne regrette pas ce régime, remarquez le ; — mais, lorsqu'un répétiteur s'était oublié, qu'il avait manqué à son service, qu'il avait fait des libations un peu trop publiques *(Sourires)*, on lui disait : « Mon ami, cherchez une autre position, dans un mois vous partirez. » Nous n'étions obligés de leur donner que ce délai.

Cet exutoire n'existe plus aujourd'hui ; il y a toute une procédure à suivre pour déplacer un répétiteur ou le renvoyer, et cette procédure est très compliquée, je vous prie de le croire.

Voici ce qui se passe : un maître répétiteur fait quelques fredaines à Nantes, je suppose. Le recteur de Rennes le prend à Nantes et l'envoie réfléchir à Quimper; dans cette ville, s'il recommence, le recteur l'envoie à Saint-Brieuc; de Saint-Brieuc à Angers, et ainsi de suite. J'en connais qui refont pour la seconde fois le tour de l'académie. *(Rires.)* Vraiment, ce n'est pas honorable pour l'Université.

Et notez bien, messieurs, que ce sont ceux-là qui parlent le plus fort, qui viennent vous trouver, messieurs les députés, qui vous attendrissent sur le sort des répétiteurs et qui vous racontent des choses qui ont été vraies peut-être du temps de Louis-Philippe, à une époque où l'on avait des maîtres d'études pris on ne sait où.

Ce sont ces gens-là qui font du tapage, qui organisent des banquets, qui lancent des circulaires et qui écrivent des *Réformes universitaires*, dans lesquelles ils dénoncent les proviseurs, les censeurs, les surveillants-généraux, les économes, etc.

Ce sont eux qui, lorsqu'un jeune maître arrive à l'établissement plein de bonnes intentions, vont le trouver tout de suite, se font ses instructeurs bénévoles en cherchant à le mettre en garde, dès le début, contre les exigences de l'administration.

Il y a là un vieux fonds que l'on conserve par humanité, mais qui gâte le corps. Ce fonds-là n'existerait plus avec mon système, — et ce serait un grand bienfait, — car il serait impossible à ces maîtres d'être choisis pour faire de futurs administrateurs, de futurs économes, plus impossible encore de gagner une licence. Ils les prennent toutes, les licences, mais ils n'en obtiennent aucune. *(Rires.)*

M. Henri Blanc. — Les boursiers de licence accepteraient-ils d'être répétiteurs ?

M. Follioley. — Ils y sont bien obligés, sinon ils sont sur le pavé. A Nantes, je connais plusieurs boursiers qui attendent ainsi depuis quatre ou cinq ans. Il y a même un boursier d'agrégation.

Comme conclusion, voici ce qui serait nécessaire, et vous êtes assez puissants, messieurs, pour l'obtenir. Le ministre devrait nommer une commission de gens du métier, pas très nombreuse, dans laquelle les proviseurs seraient en majorité ; et non pas seulement les proviseurs de Paris. mais aussi des proviseurs de province. Cette commission universitaire serait présidée par le seul inspecteur général qui ait été proviseur, il n'y en a pas deux. M. Piéron est tout désigné pour occuper ce poste ; il a été proviseur à Saint-Louis.

Cette commission formulerait certainement d'une façon plus précise que je ne puis le faire tous ces desiderata ; et rien n'empêcherait que ces travaux fussent soumis à la commission parlementaire.

M. le président. — Sans attendre la nomination de cette commission, nous vous serions très reconnaissants de faire vous-même ce petit travail.

M. Follioley. — Je n'ai rien à perdre, rien à espérer ; ce que je désire, c'est le bien de l'Université, et je dois vous dire que j'ai bien souvent entretenu de ces questions le directeur de l'enseignement secondaire, M. Rabier, dont l'esprit est si libéral, si ouvert à toute sage réforme. Hier, pour être parfaitement correct, siégeant avec lui à la commission des bourses, je lui ai dit : Demain, à la commission parlementaire, je dégonflerai mon cœur et je dirai tout ce dont je vous ai entretenu bien des fois.

Je défère volontiers à l'invitation de M. le président ; je fixerai par écrit les principaux points que je viens de traiter, en les précisant davantage et en les complétant au besoin.

M. Edouard Aynard. — Je me permettrai de vous poser une question, M. l'abbé.

Nous sommes tous de grands amis de l'Université, mais nous savons qu'elle a certains défauts, dont l'un, qui est remarqué de tout le monde, est le contact insuffisant, au point de vue de l'influence morale, qui existe entre le surveillant et l'élève.

Je vous demanderai si, dans les établissements que vous avez dirigés, vous n'avez pas essayé de stimuler ce courant de sympathie qui réussit si bien ailleurs entre maîtres et élèves. Avez-vous cherché à établir cette pratique et avez-vous obtenu quelques résultats ?

M. Follioley. — Dans tous les établissements dont j'ai eu la direction j'ai toujours consacré deux heures de ma journée — de cinq à sept heures du soir, quand j'étais délivré du public, quand mes élèves étaient à l'étude — à voir ceux de mes pensionnaires qui me paraissaient un peu en souffrance.

La journée d'un proviseur est une journée très chargée ; aussi j'ai toujours conservé l'habitude de me lever bon matin. J'allais d'abord dire ma messe, à laquelle assistaient mes religieuses : car j'ai toujours eu des religieuses dans les lycées que j'ai dirigés. Ensuite, je me rendais à la visite du médecin, et, à cette occasion je vous dirai que le choix du médecin est une prérogative du proviseur qui doit toujours être respectée. Je ne fais d'ailleurs, en cela, qu'interpréter les vieux règlements universitaires qui déclarent le proviseur responsable de tout et en particulier de la santé des élèves. Par conséquent, nous devrions choisir nous-mêmes nos médecins. Dans ma carrière, il m'est arrivé qu'un recteur, que je ne veux pas nommer, m'a imposé un médecin qui n'aurait pas dû être le médecin du lycée ; je le répète, on devrait restituer aux proviseurs, mais d'une façon absolue, le choix du médecin.

J'allais donc à la visite : puis, immédiatement après, avaient lieu l'entrée des classes et ensuite le rapport. Voici en quoi consistait le rapport. Vu l'importance de la maison, j'avais un censeur et deux surveillants généraux. Chaque matin, je faisais venir ces messieurs chez moi et nous visitions ensemble les cahiers de rapport des salles d'études de l'établissement. Tous mes répétiteurs étaient obligés de me donner, sur ce cahier de rapport, le résumé des cahiers de correspondance des professeurs et des notes personnelles sur le travail des élèves, ainsi que l'énoncé de toutes les punitions qui avaient pu être infligées. Aucune punition du reste n'était faite si elle n'avait été préalablement inscrite sur le cahier de rapport.

Je voyais ainsi quels élèves laissaient à désirer, ceux qu'il fallait réconforter, encourager, surtout parmi mes grands garçons, candidats aux écoles, et aussi parmi les enfants de quatorze à seize ans, que nous appelons les moyens, et qu'une bonne parole de leurs chefs ramène au devoir et remet dans le droit chemin. Tous les soirs, je les appelais et je causais avec eux. Cette pratique m'a donné les meilleurs résultats.

Non seulement je voyais moi-même ces élèves, mais mes censeurs et mes aumôniers, qui partageaient absolument ma manière de voir, — car on m'avait permis de les choisir, — faisaient eux-mêmes, dans de moindres proportions, ce que je faisais d'une manière plus générale.

Enfin, j'ai eu des surveillants généraux qui ont été, je puis le dire, des hommes tout à fait dévoués et d'un dévouement d'autant plus méritoire qu'on a fait à ces fonctionnaires une position tout à fait au-dessous de leurs services et qu'ils ont, en réalité, une besogne illimitée.

M. le président. — Ils sont moins rémunérés que les répétiteurs.

M. Edouard Aynard. — La question que je prenais la liberté de vous poser se résumait à ceci : Avez-vous obtenu, dans votre carrière, de la part de vos surveillants, cette faculté éducative que nous désirions ?

M. Follioley. — Je l'ai obtenue partout.

Permettez-moi, à cet égard, de vous citer ce trait. J'ai laissé à Nantes un maître de petits pensionnaires qui s'appelle M. Gastebois et qui a quarante élèves sous sa direction. Ces élèves de huitième, de septième et de sixième sont des enfants qui se préparent tous à leur première communion et pour lesquels il a des soins exceptionnels. Non seulement il s'intéresse à eux, prend part à leurs jeux, cause avec eux, leur donne de petits conseils et voit leur travail ; mais les jeudis et les dimanches soirs, comme l'étude est un peu longue pour ces petits, au milieu de l'étude il leur fait de lui-même une lecture. Il venait toujours me soumettre auparavant le sujet de la lecture qu'il entendait faire et, de temps en temps, je lui donnais d'utiles indications. M. Gastebois n'a pas été une exception et il me serait facile de nommer certains de ses collègues qui méritent les mêmes éloges.

M. le président. — C'est l'action du professeur qui détermine la valeur de la méthode éducative ; tant vaut le maître, tant vaut l'éducation.

L'heure s'avance, je voudrais vous poser une dernière question : Vous avez dit que vous étiez très attaché à l'Université : par conséquent vous connaissez, en dehors même des maisons que vous avez dirigées, l'esprit qui l'anime et vous pouvez nous dire si les attaques dont elle est depuis quelque temps l'objet sont justifiées.

M. Follioley. — Elles sont très exagérées.

M. le président. — Vous constatez que l'Université donne aux familles les garanties qu'elles sont en droit d'en attendre.

M. Follioley. — Certainement ! Mais il y a peut-être quelques restrictions à apporter à mon témoignage, car j'ai été un peu gâté par l'Université qui m'a toujours donné un personnel de choix.

M. Edouard Aynard. — Enfin vous savez ce qui se passe.

M. Follioley. — Je n'oserais pas affirmer qu'il n'y a rien de fondé dans certaines attaques ; mais dans la plupart des cas, elles sont injustes, surtout en ce qui regarde les professeurs.

J'ai toujours trouvé là un personnel admirablement dévoué. Je connais des professeurs qui, même dans les dernières années de leur carrière, n'ont pas laissé passer un seul devoir sans le rendre à l'élève, corrigé à l'encre rouge. Je pourrais citer des professeurs qui, au bout de quinze ou vingt ans, font leur classe et préparent leur cours avec la même ardeur et le même soin que s'ils étaient tout jeunes professeurs ; ils montrent, sous ce rapport, un dévouement professionnel admirable.

M. le président. — Qui est général, sauf quelques exceptions, bien entendu ; mais au point de vue de l'éducation, les convictions des parents sont elles toujours respectées ?

M. Follioley. — Absolument.

M. le président. — Il a pu se produire dans les journaux quelques écarts regrettables ; mais l'esprit général de l'Université inspire toujours confiance aux familles.

M. Follioley. — J'ai été, à Nantes, sur un champ de bataille où des opinions très ardentes se trouvaient en face les unes des autres ; néanmoins, mon personnel, qui se composait de près de quatre-vingts professeurs, s'est toujours conduit d'une manière irréprochable pendant tout le temps que j'ai eu l'honneur de le diriger ; pas un des miens n'a fait de la politique de quelque façon que ce soit ; d'ailleurs ils savaient que je ne l'aurais pas toléré.

M. le président. — Nous vous sommes très reconnaissants, monsieur le proviseur, de la déposition que vous venez de faire et nous comptons sur la promesse que vous avez bien voulu nous donner de la compléter par écrit.

Conformément à la promesse qu'il avait faite à la commission, M. l'abbé Follioley a précisé, dans la note ci après, les points principaux sur lesquels avait porté sa déposition orale :

1° Choix des proviseurs. — Les proviseurs, à mon avis, doivent être pris uniquement parmi les plus distingués des professeurs, mais tous les professeurs distingués ne sont pas nécessairement aptes à cette mission délicate. Il y faut des hommes de tenue et de vie irréprochables, de caractère droit, loyal, ferme et résolu, — rien n'est plus fâcheux que des chefs auxquels manque la décision, qui est la qualité suprême du commandement, — enfin et surtout des hommes qui aiment l'enfance, la jeunesse, et qui sachent lui parler.

Cette qualité est essentielle et elle prime toutes les autres. Si on ne se sent pas au cœur le goût de vivre avec les élèves, de prendre intérêt à tout ce qui touche leur développement moral plus encore que le progrès de leurs études, si on n'a pas reconnu d'abord, dans sa classe, que l'attention des enfants répondait à la nôtre, qu'ils avaient confiance et qu'on avait pris ascendant sur eux, il n'y a pas lieu de rechercher ou d'accepter une fonction où on ne fera pas le bien désirable. Et précisément parce que les qualités d'un bon proviseur se rencontrent rarement réunies et que le principal intéressé peut se faire illusion, je crois que le désir même très vif d'un fonctionnaire n'est pas un signe suffisant de vocation et que la première indication d'une candidature doit toujours venir des proviseurs en exercice. Ce sont eux qui ont le plus de lumières pour distinguer, entre des collaborateurs avec lesquels ils sont en contact permanent, ceux auxquels on peut remettre le gouvernement d'une maison. Cette désignation préalable par le chef immédiat devrait être considérée comme rigoureusement nécessaire, afin d'écarter toute nomination de faveur, due à n'importe quelle influence.

Evidemment, il ne suffirait pas à un candidat d'être présenté par son proviseur, il devrait, en outre, être examiné, discuté, agréé par l'autorité académique et l'inspection générale. Le chef local ne se trompera pas sans doute sur la valeur morale et les mérites professionnels d'un sujet. Il sera même seul en situation de les discerner et de les bien connaître, mais il peut se laisser égarer par l'amitié et apprécier trop favorablement un homme qui est de son intimité. Il est indispensable que le recteur, qui voit de plus haut et avec plus de détachement que les inspecteurs généraux, qui recueillent et comparent les candidatures venues de partout, mette ou ramène les choses au point et décide en dernier ressort. Même avec ces garanties exigées et ces précautions prises, je souhaiterais qu'un proviseur fût toujours nommé à titre provisoire et pourvu d'une simple délégation temporaire. Il conserverait son rang dans la classe des professeurs à laquelle il appartient, ses droits à l'avancement, et il rentrerait, de plein droit, dans les cadres de l'enseignement actif si, au terme d'une épreuve plus ou moins prolongée, les choses n'avaient pas tourné à sa satisfaction personnelle et à celle des chefs.

Les proviseurs doivent être d'une bonne santé éprouvée afin de ne manquer jamais à leur service, et, pour qu'ils aient la vigueur, l'entrain, l'ardeur convenables, il vaut mieux les prendre jeunes, vers trente-cinq ans par exemple. Et puisqu'on n'admettrait plus de censeurs, la condition serait facilement remplie. Sans doute les proviseurs ne resteraient pas toujours jeunes, mais un chef de maison qui a une longue possession peut vieillir dans la ville où il est connu, estimé, aimé, et où les inconvénients de son maintien sont compensés par tant de sérieux avantages. Même dans ce cas qui est celui où le poids des années se fait le moins fâcheusement sentir, il faudrait savoir se montrer inexorable et admettre d'office à la retraite tous les proviseurs qui auraient atteint soixante ans.

Je tiens à insister sur les motifs qui me paraissent devoir écarter *absolument* les censeurs du provisorat :

1° Jamais des professeurs de choix ne se résigneront à passer par le censorat. Ce sont pourtant les plus précieuses recrues ; ils sont l'espérance de l'administration, sa force et son honneur. On a déjà assez de mal à les avoir, en les nommant d'emblée proviseurs. C'est à quoi l'administration centrale s'est résolue, depuis quelques années, et elle a eu sujet de s'en féliciter. Mes collègues de Bordeaux, Lille, Nancy, Nîmes, Laval, n'ont jamais été censeurs. Mais que de plaintes de la part des censeurs en exercice ! Leurs réclamations, fondées sur des précédents de vieille date, obligent à leur réserver quelques places qu'ils acceptent sans reconnaissance et viennent occuper de mauvaise grâce, avec la conviction qu'ils ont été victimes d'une préférence injustifiée. Qui ne voit, en tout cas, que cette dualité d'origine, qui s'accentue à chaque nouveau mouvement administratif, a pour effet de partager les proviseurs en deux catégories : celle du choix et celle de l'ancienneté ? C'est une différence qui n'est pas faite pour assurer aux uns et aux autres l'égale considération dont ils ont besoin. Par là ne se trouve pas rehaussé le prestige de ceux qui sont arrivés au premier rang, après s'être attardés dans un rôle subalterne, et auxquels semblent destinés les petits lycées, souvent les plus difficiles de tous, parce que ce sont les établissements où l'action personnelle du chef est la plus efficace et la plus décisive.

2° Les censeurs ne peuvent arriver jeunes au provisorat, ce qui est déjà un inconvénient. Ils y parviennent après un séjour prolongé dans des fonctions dures, assujettissantes, qui ont usé leurs forces et éteint leur ardeur, ce qui est un second inconvénient, autrement grave. Mais surtout ils ont leur siège fait et leurs idées arrêtées ; bien rares sont ceux qui ont assez de souplesse pour changer de méthode en même temps que de situation. Comme ils ont été préposés au respect et au maintien de la règle, ils attachent une importance capitale, souvent excessive, à des observances qui ont leur utilité sans doute, mais de pure forme, qui sont, si on veut, des moyens d'éducation, mais qui ne sont pas l'éducation elle-même. Combien j'en ai rencontrés, parmi les plus consciencieux et les plus estimables, qui, se vantant d'être disciplinaires, regrettaient très sincèrement les rigueurs de nos anciens internats et blâmaient les adoucissements qui y ont été récemment introduits, avec tant de raison et de sagesse ! Si la réforme de 1890 n'a pas produit partout les mêmes heureux résultats, la responsabilité en revient, pour une large part, à ces censeurs dont il faut se garder de faire des proviseurs.

3° Le censorat forme pour les surveillants-généraux un admirable couronnement de carrière, comme la surveillance générale elle-même est l'avancement normal d'une catégorie précieuse de répétiteurs. On ne fera jamais assez pour les bons surveillants-généraux. Ils sont, chacun dans leur collège respectif, l'œil et le bras du proviseur, ses agents principaux d'information et d'exécution. Par suite, il leur est nécessaire de vivre constamment de la vie des élèves, de les suivre partout et de ne les abandonner, à vrai dire, que pendant les classes et les études. Et ce n'est pas un rôle de simple police qu'ils ont à remplir. Leur mission est plus haute et plus libérale. Il faut que, par la droiture de leur caractère, par une impartialité reconnue et une bienveillance sincère et sensible, ils inspirent le respect, gagnent la confiance et rendent l'obéissance facile et douce. J'ai rencontré, dans les lycées, plusieurs jeunes hommes, d'une valeur morale supérieure, d'un dévouement empressé et inaltérable, qui n'étaient pas au-dessous d'une semblable tâche, et mon regret a été de ne pouvoir les fixer dans leurs fonctions, en leur assurant une situation convenable. Le censorat serait la récompense de ces utiles serviteurs, si nécessaires à la bonne tenue de nos internats.

Il va de soi que, du moment où les censeurs ne pourraient plus prétendre au provisorat, on devrait, en respectant les droits acquis de ceux qui sont en exercice, notifier aux nouveaux venus qu'ils ne doivent plus désormais conserver aucune espérance de monter plus haut.

Autorité des proviseurs. — Tout le monde paraît d'accord pour relever l'autorité des proviseurs, leur autorité morale autant que leur autorité professionnelle et effective.

Qui doute que, s'ils sont tirés désormais uniquement du corps et de l'élite des professeurs, ils auront acquis, par leur origine même, un ascendant et un prestige considérables? Il serait possible d'y ajouter encore par quelques prérogatives nouvelles.

Le Conseil supérieur de l'instruction publique renferme des représentants de tous les ordres d'enseignement, des délégués des collèges aussi bien que des lycées, et on n'a pas songé à y appeler les proviseurs. Un directeur d'institution secondaire libre y a, de par la loi, sa place marquée. Le proviseur du lycée Louis-le-Grand ne pourrait y siéger au titre de proviseur. C'est une lacune qu'il serait facile et opportun de combler.

Le conseil académique n'a pas moins de six professeurs. Un seul proviseur y est appelé, d'ordinaire le proviseur du chef-lieu. Est-ce suffisant ? Voilà une assemblée dont l'attribution la plus ordinaire est d'examiner les budgets et les comptes d'administration des lycées. Deux proviseurs y seraient-ils déplacés ? Vienne une affaire disciplinaire qui intéresse l'enseignement secondaire de l'Etat ou l'enseignement secondaire libre. L'expérience et les lumières de deux chefs de lycée ne seraient pas de trop dans la circonstance. Notez que l'enseignement supérieur continue à être représenté, dans le conseil, par dix ou douze membres, alors que toutes les questions relatives aux facultés, personnel et matériel, ont été transportées au conseil de l'université.

Il serait désirable qu'on instituât auprès du recteur un comité consultatif d'académie dont seraient membres de droit les inspecteurs et les proviseurs du ressort. C'est ce comité qui dresserait, chaque année, les listes de présentation pour les promotions de classe des surveillants-généraux, des répétiteurs, des commis.

C'est ce comité qui titulariserait les mêmes fonctionnaires et les proposerait à l'investiture ministérielle. Il accomplirait, sous la présidence et la direction du recteur, en y mettant le temps nécessaire et avec une compétence entière, un travail que le comité consultatif de l'enseignement secondaire est forcé de faire en grande hâte, sur des propositions que le temps et l'occasion lui manquent également pour contrôler. Que d'écritures administratives seraient ainsi évitées et quel premier essai de décentralisation serait réalisé ! Qui ne voit, d'ailleurs, combien les proviseurs gagneraient personnellement à se trouver, plusieurs jours par an, en contact avec leur chef, avec les inspecteurs, avec leurs collègues ? L'expérience de leurs anciens profiterait aux plus jeunes d'entre eux et de fortes et salutaires traditions s'établiraient, dans chaque académie, pour la conduite et la tenue des lycées. Les affaires disciplinaires réservées, par les décrets de 1891, au conseil des inspecteurs d'académie seraient naturellement dévolues au comité consultatif qui déciderait avec une autorité supérieure et une compétence moins discutable. Rien n'empêcherait que, pour soulager l'administration centrale, on ne chargeât le comité de se prononcer sur les candidatures aux bourses d'essai, tandis que le ministère conserverait seul qualité pour statuer sur les bourses de mérite.

En principe, l'autorité des proviseurs doit s'étendre à tout ce qui intéresse la prospérité de la maison qui leur est confiée. A ce prix seulement leur action peut être sérieusement efficace et leur responsabilité entière. Comment, s'il en est autrement, leur demander compte sans injustice de choses qu'ils n'ont pu ni prévoir, ni décider, ni empêcher? C'est d'après cette vue générale qu'il convient d'étendre des attributions restées trop conformes à l'ancienne notion du provisorat, tel qu'il avait été conçu et constitué à l'origine de l'Université. Je prends la liberté de noter quelques-unes de ces prérogatives principales dont je souhaite le rétablissement :

1° Le proviseur doit compter sur un concours sérieux du bureau d'administration, composé d'un plus grand nombre de membres, douze tout au moins, dans lequel on ferait entrer des représentants des pères de famille et les plus grands industriels de la région. Pourquoi y avoir introduit, par une disposition qui date d'une dizaine d'années seulement, un élément de division par la présence obligatoire de quatre membres du conseil municipal? Cette innovation oblige à un remaniement du bureau tous les quatre ans, et une réunion, qui doit être une sorte de conseil de famille, participe, de ce chef, à toutes les fluctuations de l'opinion locale. A chaque renouvellement, des membres s'en vont et, par le fait de leur départ, sentent diminuer leur zèle en faveur de l'établissement où ils sont parfois remplacés par des adversaires politiques. Sans compter que le lycée n'étant pas seulement la maison de la ville, mais, dans la plupart des cas, l'unique maison que l'Etat entretienne dans le département, j'ai connu des conseils généraux qui ont réclamé le privilège d'être aussi représentés au bureau d'administration. Pour étayer leurs prétentions, ils ont rappelé la loi constitutive des conseils académiques qui prévoit la nomination de deux conseillers généraux choisis par le ministre.

2° Le proviseur peut obtenir un concours précieux des conseils de discipline récemment institués et qui n'ont pas partout la même action utile. Cela tient surtout à ce qu'il n'a pas été suffisamment spécifié, par un règlement bien net et qui ne laisse place à aucune équivoque, que le conseil de discipline a un caractère purement consultatif et qu'il n'a pas qualité pour administrer. Lui conférer une part quelconque dans le gouvernement de la maison, c'est créer le conflit et le perpétuer. Il doit donner des avis auxquels le proviseur sera heureux de se ranger dans presque tous les cas, mais que, en fin de compte, dans une circonstance donnée, il aura le pouvoir de ne pas suivre. C'est à lui seul que la décision appartient et, même en matière disciplinaire, il reste toujours libre de ne pas consulter le conseil. Les questions de moralité ont parfois un caractère de délicatesse qui interdit de les traiter en conseil; les questions de probité ont toujours ce caractère. Pour l'honneur des familles, le chef de la maison doit garder pour lui seul le secret de certaines fautes qu'il y aurait cruauté à ébruiter. Ces fautes doivent être réprimées avec la dernière sévérité, et le recteur ne doit pas les ignorer. Il n'est personne qui ait droit d'en recevoir la confidence, sinon le chef de l'académie.

3° Au proviseur appartient l'initiative pour le choix des aumôniers, et elle lui revient à tel point que si, après avis du recteur, une première présentation n'est pas agréée, c'est au proviseur encore qu'on est tenu d'en demander une seconde. La nécessité de cette prérogative découle de ce que le proviseur, étant chef d'internat, est, à ce titre, le mandataire des pères et mères de famille, qui s'en remettent sur lui seul du soin de les remplacer auprès de leurs enfants et comptent qu'il leur procurera le bienfait de la connaissance des vérités de la religion et de l'observance de son culte. Et c'est parce que certains parents, d'ailleurs amis de l'Université, ont conçu quelques doutes à ce sujet, que leur confiance a été ébranlée et que le nombre des petits pensionnaires a sensiblement diminué, même dans les lycées les plus justement en possession de la faveur publique. Le proviseur a le devoir étroit de dissiper ces inquiétudes légitimes, et pour lui en fournir le moyen, il faut qu'il ait voix prépondérante dans le choix de ses collaborateurs ecclésiastiques. C'est donc à lui qu'il incombe d'engager, le cas échéant, des négociations avec l'autorité diocésaine afin d'obtenir des aumôniers instruits, zélés, animés de sentiments suffisamment libéraux, qui aiment la jeunesse et sachent se faire écouter d'elle. Ces négociations sont souvent fort difficiles, je le sais par expérience. Elles sont toujours très délicates, mais, lorsqu'on y réussit, elles donnent au proviseur un précieux auxiliaire, qui au dedans prête à l'administration un utile concours et qui au dehors soutient et défend la maison.

4° Le proviseur doit choisir seul, sous sa responsabilité, les médecins, chirurgiens, dentistes, pharmaciens, etc. Tout au plus, pour les médecins ou chirurgiens, est il souhaitable de solliciter l'investiture ministérielle, qui peut constituer aux yeux des familles une garantie de plus. Mais la désignation par le proviseur doit être si bien la condition préalable de toute nomination que si, par une hypothèse rare, mais qu'il faut prévoir, son candidat n'était pas accepté, il y aurait lieu de l'inviter à en présenter un second. Il y a des médecins qui, très experts dans leur art, n'ont ni la prudence, ni la discrétion, ni le dévouement requis pour remplir leur office dans un établissement de l'Etat.

5° Le proviseur doit nommer directement, sans en référer à personne, tous les agents du service intérieur, y compris les concierges et les aides de physique. Que si, pour des considérations locales dont il est juge, il lui parait préférable de confier à des religieuses le soin de l'infirmerie, la tenue de la lingerie, la garde et la surveillance des plus jeunes pensionnaires, c'est une latitude qu'on doit lui laisser et qui tournera au profit de l'internat.

6° Même dans les plus petits lycées, si on veut que le proviseur ne soit pas transformé en employé de bureau, il est indispensable qu'il soit assisté d'un secrétaire à qui incombe le soin de faire, sous sa direction, les écritures administratives (correspondance avec le ministère, l'académie, la préfecture, la mairie, les parents des élèves, notices du personnel, propositions pour les bourses, les dégrèvements, etc.) et les imprimés scolaires (bulletins trimestriels, mensuels ou hebdomadaires, tableaux d'honneur, feuilles de compositions et de notes, exemptions et satisfecit, permissions de sortie, avis d'absence, etc.). Ce secrétaire devrait prendre le titre de commis aux écritures. Il suffirait à peine à sa besogne, et je voudrais qu'il eût un collègue qui serait chargé de la distribution des fournitures de classe et de dessin aux internes, qui veillerait à la bonne tenue et à la conservation des diverses bibliothèques et, dans les nombreux établissements qui n'ont pas de préparateur spécial, aurait cure des collections scientifiques, des cabinets de physique et laboratoires, etc. Volontiers je chargerais ce second commis de veiller aussi sur le mobilier classique laissé trop souvent à l'abandon. Il me semble qu'en y mettant de l'exactitude, de la régularité et de l'intelligence, ce fonctionnaire dont je réclame la création regagnerait vite au lycée ce qu'il lui coûterait.

Et, bien que ce ne soit pas mon sujet, qu'on me permette d'indiquer, en passant, que les commis aux écritures, désignés par les proviseurs, — ils auraient intérêt à les choisir bons, — et éprouvés par des fonctions où ils pourraient donner leur mesure, formeraient, pour l'économat, un recrutement autrement solide et sûr que celui dont on se contente présentement.

7° Les familles ont, pour la tenue de leurs enfants pensionnaires, surtout en ce qui concerne la nourriture et le vêtement, des exigences croissantes auxquelles l'interprétation stricte de règlements surannés ne permet pas toujours de satisfaire. Il y a, à certains égards, dans les prescriptions rédigées par les bureaux du ministère, une uniformité, commode peut-être pour la régularité des écritures et le contrôle administratif, mais qui, dans la pratique, est fâcheuse et gênante. Il est évident que, à Nantes, par exemple, les enfants appartenant à des familles riches et habitués chez eux à une existence confortable ne se contentent pas de ce qui suffit à leurs camarades de Pontivy, qui sont, en général, de condition et de fortune plus modestes. C'est, du reste, pour cela que la pension est de beaucoup plus élevée dans la première que dans la seconde de ces villes. La conséquence est que le proviseur de Nantes doit avoir la liberté d'ajouter au régime commun ce qui lui paraît nécessaire, sauf, cela va de soi, l'obligation de rendre compte de ses motifs et de les soumettre après coup à l'approbation du ministre. Cette liberté réglée et contrôlée préviendrait, au dedans, de désagréables conflits avec les économes, et, au dehors, des plaintes plus désagréables encore des familles, et des comparaisons avec les maisons rivales, dans lesquelles le lycée n'a pas toujours l'avantage.

Et puisque j'ai parlé du taux des pensions, je trouve l'occasion de faire remarquer que leur relèvement inopiné en 1887 et 1897 n'a pas été sans influence sur la diminution de nos internats. Le bureau de l'économat, au ministère, est toujours disposé à augmenter les frais à la charge des familles, et il se base sur cette raison, fondée assurément en justice, qu'un pensionnaire verse toujours moins à la caisse du lycée qu'il ne lui coûte.

L'argument serait irréfutable si les lycées ne jouissaient pas d'une grosse subvention qui, pour longtemps encore, sera indispensable. Sans doute, il est du devoir de l'administration de faire effort pour diminuer cette charge de plus en plus lourde. Reste à savoir si le moyen employé est le meilleur et si l'augmentation des prix de pension n'augmente pas le déficit. Il me semble que deux expériences successives ont été concluantes et qu'elles n'ont pas réalisé les espérances de l'administration. J'estime, en particulier, que la suppression de l'abonnement pour les trousseaux, moyennant une première mise de cinq cents francs, a été une mesure désastreuse qui a écarté des lycées nombre de petits pensionnaires et qui en écartera encore. J'ai eu l'honneur, avant que la mesure ne fût définitive, d'en signaler les résultats déplorables. On a passé outre et je souhaite que l'événement ne me donne pas trop raison. Qui ne voit qu'en pareille matière il y aurait le plus souvent profit à suivre les avis des proviseurs depuis longtemps en contact avec les familles d'une région et en situation mieux que personne d'éclairer le ministre ?

8° Le proviseur avait autrefois la libre disposition du dixième des frais d'études versés par les externes; cela veut dire qu'il pouvait, dans la limite de la somme précitée, accorder la gratuité aux enfants qu'il jugeait bon de retenir ou d'appeler au lycée. Qu'un malheur immérité vînt frapper un élève distingué et le privât inopinément de ressources, il était possible de lui accorder, sans formalité ni délai, le subside nécessaire pour continuer des études heureusement commencées. Qu'une occasion se présentât d'ouvrir les portes de la maison à un nouveau venu qui, à l'école primaire ou ailleurs, montrait des dispositions au-dessus de l'ordinaire, il n'était pas interdit d'acquérir cette utile recrue, sans exiger ou attendre l'examen des bourses. Les cas étaient fréquents d'user, pour le plus grand bien de l'établissement, d'une latitude qu'on a supprimée, en lui substituant d'abord des remises de faveur qui devaient être plus sévèrement contrôlées. Les remises de faveur ont disparu, et il n'est plus rien resté, de sorte que le proviseur s'est trouvé désarmé, privé d'une ressource dont beaucoup de principaux de collège peuvent user et qui ne manque à aucun chef d'institution libre. Il y a lieu de restituer au proviseur l'antique privilège du dixième qui a fait ses preuves et qui, employé à propos, a rendu de précieux services. Au nombre de ces services se place la conviction où le public a été longtemps que nous n'étions pas de simples exécuteurs des règlements, asservis à la lettre des textes, sans influence personnelle et sans initiative.

Initiative des proviseurs. — Le trait distinctif de l'enseignement classique est qu'il procède d'un type uniforme, partout également adopté et suivi. C'est chose excellente en soi, plus nécessaire que jamais dans un temps où les nécessités de l'existence ont multiplié les déplacements, où il n'est pas rare de terminer les études bien loin du lieu où elles ont été commencées. Mais, dans le détail, quelques différences peuvent être admises, à condition qu'elles n'altèrent pas sensiblement le fonds commun. Tous les lycées n'ont pas partout la même clientèle, et il en est où, conformément à l'esprit du pays, certaines professions sont particulièrement recherchées et en honneur. Un proviseur qui a étudié et qui connaît bien le milieu où sa maison se trouve placée, saura discerner quels cours peuvent être restreints, quels autres peuvent être développés et s'il n'est pas à propos d'en créer, à côté, qui aient les plus sérieuses chances de succès. Si cette observation est vraie pour l'enseignement classique qui donne la culture générale, combien s'applique-t-elle avec plus de fondement à l'enseignement moderne, dont le caractère propre est d'être pratique et de pouvoir s'accommoder aux nécessités locales? Dans cet ordre d'études, c'est affaire au proviseur de provoquer des modifications souvent assez considérables commandées par l'expérience et sollicitées par le vœu des hommes les plus compétents, je veux dire les membres des conseils de la ville, du département et du bureau d'administration. Mais l'initiative du chef de l'établissement ne s'exercera que si elle est encouragée, si elle est favorisée et si elle n'est pas, dans le début, contrariée et étouffée.

S'il est avantageux de fournir au proviseur le moyen d'orienter d'une certaine façon les programmes d'études du lycée, il est indispensable de lui accorder une latitude entière de modifier, à son gré, le régime intérieur, en s'inspirant toutefois des règlements et circulaires de 1890, qui, à les considérer dans leur ensemble, ne méritent que des éloges. A mon sens, la mission principale du proviseur, celle à laquelle il doit subordonner tout le reste, est d'agir, par tous les moyens en son pouvoir, sur la conscience de ses élèves, de la former, de la diriger et de la redresser au besoin.

Sa préoccupation constante doit être de leur enseigner et de leur rappeler leurs devoirs envers Dieu, envers eux-mêmes, envers la famille et la patrie. Il ne remplit véritablement sa fonction que si, par l'autorité d'un caractère ferme mais bienveillant, et par l'accent d'une parole convaincue et persuasive, il développe dans le cœur de ses enfants tous les instincts nobles et généreux qui s'y trouvent en germe. On n'imagine pas quel peut être, sur des jeunes gens, l'empire du proviseur. En écrivant ces lignes, je me rappelle un des proviseurs que j'ai eus au lycée de Grenoble. Il venait tous les soirs, en première étude, nous faire, sous forme de causerie familière, une sorte de lecture spirituelle d'un quart d'heure. Il nous parlait si doucement à la fois et si dignement, d'un ton si pénétrant, avec un désir si manifeste de nous instruire et de nous persuader, que nous subissions tous son influence. Nous n'avons gardé que quelques mois ce chef excellent : cela a suffi pour qu'il marquât son empreinte sur chacun de nous, et nous n'évoquons jamais son souvenir, mes camarades et moi, sans éprouver encore, à plus de quarante ans de distance, un sentiment de respect et de reconnaissance (1).

Le proviseur est, dans le lycée, l'éducateur par excellence, celui en qui se résume la formation morale des élèves, surtout de ceux qui, éloignés de leur famille, sont plus complètement confiés à ses soins, en qualité de pensionnaires. Il semblerait, par suite, naturel qu'il eût une influence prépondérante sur le choix des fonctionnaires qui sont plus spécialement qualifiés pour l'aider dans sa tâche. Tels le censeur, les surveillants généraux, les répétiteurs.

Le censeur est déjà très avant dans sa carrière, et il a donné de telles garanties que le choix peut être remis en toute sécurité à l'autorité centrale. Mais il y aurait avantage à ce que le proviseur fût toujours consulté pour les surveillants généraux et les répétiteurs. C'était autrefois la règle

(1) M. Brouzès, transféré de Besançon à Grenoble en octobre 1851, n'approuva pas le coup d'État de décembre et fut envoyé en disgrâce à Clermont, en février 1852.

absolue dans l'Université, et on se demande pourquoi on a abandonné cette pratique si sage, si prévoyante, si propre à entretenir l'union et l'harmonie dans le commandement, si efficace pour prévenir tout conflit. Le moyen facile et sûr d'y revenir serait que les fonctionnaires de cette catégorie, bien qu'investis d'une nomination ministérielle, fussent recrutés par académie et, par conséquent, acceptés, répartis dans les établissements, et finalement avancés ou déplacés par le recteur. L'adoption de ce système, qui allégerait le travail de l'administration centrale, permettrait de satisfaire aux exigences justes des chefs de lycée, à deux conditions toutefois. La première, c'est que le recteur serait tenu de prendre leur avis, — non de le suivre, — dans toutes les questions qui intéressent leurs surveillants ou leurs répétiteurs. La seconde, c'est qu'on instituerait le comité consultatif d'académie dont nous avons parlé plus haut. Ces garanties données aux proviseurs sont bien modestes, et elles n'approchent pas, tant s'en faut, des droits qu'exerce, dans sa maison, tout chef d'institution libre et sans lesquels il ne croirait pas pouvoir remplir sa mission.

Indépendance des proviseurs. — Il ne peut être question d'indépendance absolue, et, en fait, les proviseurs sont et doivent rester sous la main du ministre qui les a nommés et du recteur qui est leur chef immédiat. Du jour où ils sont devenus des administrateurs, ils ont perdu toutes les garanties de stabilité dont ils jouissaient comme professeurs, et ils peuvent être déplacés et même révoqués, sans formalité ni procédure, par un simple arrêté ministériel.

On ne comprend pas qu'on ait eu l'idée de créer entre le recteur et le proviseur un intermédiaire qui est l'inspecteur d'académie. Aussi ne l'a-t-on pas créé. On l'a trouvé existant et on l'a laissé vivre, en le dénaturant et en l'aggravant. La loi de 1850 avait institué, — non pas directement, mais par voie de conséquence et comme mesure de police, — des recteurs départementaux qui correspondaient directement avec le ministre et qui, dans leur circonscription limitée, étaient préposés à tous les ordres d'enseignement. Lorsque, en 1853, l'Empire, revenant à une tradition monarchique, a restauré, avec une situation plus haute, les anciens rectorats d'académie, il a laissé au chef-lieu du département le recteur de 1850, sous le nom d'inspecteur, avec des attributions mal définies, en tout cas très diminuées, subordonnées et privées de sanction. L'inspection académique, telle qu'elle existe en province, est une conception politique, à laquelle l'Université n'avait jamais songé, qu'elle subit et qu'elle maintient à regret.

Ni pour le primaire, où il doit tenir compte du préfet, ni pour le secondaire, où il n'est que le délégué du recteur, l'inspecteur n'a une existence propre et une autorité entière. Il n'est que la moitié d'un chef, mais une moitié rarement utile et toujours incommode et gênante pour les proviseurs. La commission de l'enseignement rendrait un service inappréciable en dédoublant la fonction, en lui rendant son véritable caractère et en l'affranchissant de toute ingérence étrangère aussi bien que de toute préoccupation extra-universitaire. Il suffirait de créer, au département, un directeur de l'enseignement primaire, comme à Lille par exemple, et de rétablir, à l'académie, deux ou trois inspecteurs secondaires, comme à Paris. On les prendrait parmi les professeurs ou les proviseurs émérites, et ils seraient les lieutenants du recteur, mais des lieutenants mobiles qui iraient visiter les lycées, les collèges, et, dans la mesure prévue par la loi, les établissements libres du ressort.

Avancement des proviseurs. — Les proviseurs sont actuellement répartis en quatre classes, et la classe est personnelle, quel que soit le lycée. Cette disposition est excellente. Elle permet l'avancement sur place et le maintien prolongé à la tête du même établissement. Cette permanence du chef est la règle constamment suivie par les maisons libres le plus justement renommées. Le collège Stanislas, que je cite volontiers parce qu'il représente, pour moi, un établissement modèle, n'y a pas dérogé. L'abbé de Lagarde y a fourni, avec un éclat incomparable, une longue carrière. Et lorsque la mort l'a enlevé, en 1885, il a été remplacé par Monsieur l'abbé Prudham, qui avait été son second, qui a maintenu ses traditions et, par suite, l'étonnante prospérité du collège. Chez nous, on a eu le tort de déplacer trop fréquemment les proviseurs. Je pourrais citer des exemples bien extraordinaires de la mobilité du personnel administratif. Je connais un de mes collègues qui, en moins de vingt ans, a traversé huit lycées. Parti de Saint Etienne, il est venu finir à Quimper, en passant par Saint Omer, Evreux, Lorient, Montauban, Agen et Bourg. Comment aurait-il pu accomplir quelque bien durable à la tête de maisons où il ne passait que deux années entières ?

Ce sont les petits lycées qui ont le plus besoin que le proviseur ait du temps devant lui, parce que c'est là que l'action personnelle du chef est plus active et plus féconde. Ils sont, en général, situés dans des villes de moyenne importance, où les relations de société sont plus faciles et plus étroites. Tout le monde y connaît le proviseur et peut le juger à sa valeur. Le personnel des professeurs et répétiteurs est, en majorité, composé de débutants qui ont la bonne volonté, auxquels manque l'expérience. Il y a plaisir à diriger cette jeune troupe, dont il faut modérer plutôt qu'exciter l'ardeur. Le nombre des élèves est restreint; tout au moins ils sont en assez petit nombre pour qu'on puisse donner à chacun d'eux des soins de tous les jours et lui imprimer une direction particulière.

J'ai eu l'honneur de diriger, pendant quatorze ans, le lycée de Laval, et j'ai conscience de n'avoir nulle part rendu à la jeunesse de meilleurs services. Je ne parle pas du succès numérique que j'ai obtenu, mais la qualité de mes élèves a été de beaucoup supérieure à leur quantité, fort respectable pourtant. Nous avons fait des hommes qui sont, en vérité, l'honneur de la Mayenne, et, parmi eux, des professeurs si distingués qu'un inspecteur général nous citait avec éloge comme le séminaire de l'Université. Il est telle année où se sont rencontrés, dans une seule de nos classes, trois élèves de l'école normale supérieure. C'est un de ces trois professeurs, agrégé des lettres, qui, depuis plus de dix ans, enseigne la rhétorique dans le lycée de sa ville natale et qui s'est toujours refusé à le quitter pour une position supérieure.

Aux quatre classes de proviseurs, il y aurait justice d'ajouter une classe supérieure, par analogie à ce qui se pratique pour les professeurs. Elle donnerait droit à un traitement supplémentaire de 1.000 fr. et porterait ainsi à 9.000 fr. les appointements d'une dizaine tout au plus de fonctionnaires signalés par l'ancienneté et la distinction de leurs services. Outre que cet avantage fait aux proviseurs les plus méritants de la province les détournerait de venir à Paris, il y aurait une garantie sérieuse d'avenir que des pères de famille ne peuvent pas négliger. Quand, après quarante années d'enseignement, ils toucheraient enfin à l'heure du repos et que le temps serait venu de prendre leur retraite, ils seraient assurés de recevoir le maximum des pensions civiles. Cette perspective, envisagée dès le début de la carrière, aurait pour effet d'aider au recrutement et de susciter ou tout au moins d'encourager les meilleures candidatures.

Je borne là mes observations. Bien des choses restent certainement à dire, qui seraient propres à confirmer et à justifier les propositions que j'ai formulées. Ce qui précède suffit, j'espère, pour convaincre la commission de la nécessité absolue de relever et de fortifier la situation des proviseurs. Je connais assez mes collègues, si dignes d'estime et de respect, pour avoir la certitude qu'ils n'useront de leurs prérogatives, restituées ou élargies, que dans l'intérêt de leurs collaborateurs et de leurs élèves.

On peut s'en remettre à leur zèle et à leur habileté. Le jour où ils redeviendront les maîtres incontestés de leurs internats, les familles, ayant repris confiance, sauront en retrouver le chemin. Ce moyen est plus sûr et il est, en tout cas, plus honorable que n'importe quelle atteinte portée à la liberté et qu'un retour, même déguisé, au régime du monopole, qui ne serait pas digne de l'Université et dont elle ne veut pas.

V

NÉCROLOGIE

Une très curieuse figure que celle de M. Follioley, mort il y a quelques jours. Il a été le dernier des proviseurs ecclésiastiques. Il a perpétué, sous la troisième République, une tradition de la monarchie. Et il a été certainement l'un des plus habiles, l'un des plus zélés serviteurs de l'Université. Il a gouverné, avec un éclat singulier, le lycée de Laval et le lycée de Nantes. Il les a rebâtis — car il était grand constructeur — et il les a repeuplés — car il était grand pêcheur d'élèves. Il en pêchait un peu partout. Il lui arrivait même de faire des rafles.

Un professeur de l'un des lycées dirigé par M. Follioley avait épousé une institutrice. La femme avait chez elle une petite garderie d'enfants. Le mari, une fois sa classe faite, enseignait à ces enfants les éléments. Ils restaient là deux ou trois ans, jusqu'au moment de commencer des études plus sérieuses. Mais tous ne venaient pas au lycée, tant s'en faut. Que fait M. Follioley, mis au courant ? Il va trouver l'institutrice, lui représente que cette situation n'est pas régulière, que l'administration, si elle la connaissait, pourrait y trouver à redire. Et il termine cet entretien impressionnant en proposant à son interlocutrice de venir diriger, dès la rentrée prochaine, au lycée même, une petite classe enfantine... en y amenant sa clientèle. Pouvait-elle faire autrement que d'accepter ? Et voilà, du coup, l'effectif total qui s'augmente dans de notables proportions. Voyez-vous un proviseur laïque tentant le même coup ?

M. Follioley avait d'autres cordes à son arc. Il était avec les parents très prenant, très captivant. Il excellait aussi à recruter son personnel. Très lié avec certains inspecteurs généraux, très écouté dans les bureaux du ministère, il choisissait ses professeurs. Et il les choisissait, en général, fort bien. Il prenait des jeunes gens, qu'il avait eus pour élèves quelques années auparavant, qu'il avait contribué à diriger du côté de l'Ecole normale ou des grades universitaires, auxquels il avait témoigné de l'amitié, rendu des services. Ces jeunes gens étaient doublement ravis de devenir des collaborateurs de M. Follioley. Ils lui payaient une dette de reconnaissance, et ils débutaient dans une maison prospère. Quel est le proviseur de province (ou même de Paris) auquel on fasse l'honneur d'accueillir sa demande, s'il se permet, une fois par hasard, de réclamer, pour un emploi vacant, un maître qu'il connaît et en qui il a confiance ?

Le point faible du système de M. Follioley, c'est qu'il visait à la quantité plus qu'à la qualité. Dépasser de quelques unités le chiffre de l'année précédente, telle était sa grande préoccupation. Aussi ne fallait-il pas lui proposer de renvoyer un élève, ou même d'appliquer des peines un peu sévères, quoique très justifiées. Les professeurs qui faisaient de la discipline, ou qui avaient simplement le tort de ne pas fermer les yeux sur certains faits, même graves, étaient mal vus de leur chef. En cela, il était bien de son temps. Cet ecclésiastique s'était fait, du métier de proviseur, une conception que l'on pourrait appeler matérialiste. Un lycée, pour lui, c'étaient de beaux bâtiments, neufs, aérés, sains, avec le plus possible de jeunes gens. Que se passait-il dans cette ruche bourdonnante ? Il ne fallait pas y regarder de trop près. D'ailleurs, au point de vue des études, le nombre à lui seul assurait l'entrainement, par suite le succès. Les lycées de M. Follioley ont toujours bien réussi.

Il va de soi que la plupart des élèves conquis à

l'enseignement public par M. Follioley étaient prélevés sur la recrue coutumière de l'enseignement libre. Aussi fut-il, partout où il a passé, la bête noire des établissements religieux. On l'y détestait, à la lettre. A Nantes, notamment, qui fut son dernier poste et celui où il obtint les plus brillants résultats, il servit, durant des années, de point de mire à la polémique locale. Les journaux envoyaient son nom à tous les échos. Car il fallait bien que les républicains le défendissent. Les ennemis ecclésiastiques de M. Follioley empêchèrent, sans doute, qu'il devînt jamais évêque. On avait pensé à lui et parlé de lui pour un évêché. Il aurait eu grand air sous la mître. Et il n'eût pas été un prélat fainéant. Mais il resta jusqu'au bout M. Follioley ou M. le proviseur. C'est ainsi qu'il voulait être nommé. Quand on disait M. l'abbé Follioley, il souriait et priait qu'on lui donnât son titre universitaire.

L'homme était aussi intéressant que le fonctionnaire, sinon davantage. Il avait l'esprit très fin, très averti. Il avait l'expérience du monde, et même celle du journalisme, ayant travaillé autrefois, aux côtés de Louis Veuillot, à l'*Univers,* où il fut même, à un moment, secrétaire de la rédaction. Il était très vivant, et très bon vivant, sans compromettre jamais une sorte de majesté naturelle, qui formait un des éléments de son prestige. Il aimait le théâtre. Il recevait très largement, et avec une entente parfaite des choses du ménage. Sa conversation était vive, enjouée et variée. Elle donnait de son intelligence une idée plus complète que les quelques livres qu'il a laissés. M. Follioley avait su se faire, et garder jusqu'à la fin, des amitiés très dévouées. Il avait aussi quelques ennemis — même en dehors du clergé ; c'est le lot ordinaire des hommes de mérite, et des *politiques*. Jusqu'ici je n'ai pas écrit ce mot, et c'est pourtant celui qui rend le mieux, qualités et défauts compensés, le personnage de M. Follioley.

M. Follioley a été, sur une scène très modeste, un politique de premier ordre. Ceux qui le connaissaient se sont souvent demandé ce qu'il eût fait sur un théâtre plus vaste et plus en vue. Peut-être ne lui a-t-il manqué que deux ou trois circonstances favorables pour inscrire dans l'histoire, non loin de Mazarin, un nom fameux.

(*Le Temps* du 3 novembre 1902.)

***

Nous avons appris il y a quelques jours la mort de l'abbé Follioley, ancien proviseur de Nantes, confiné à Douai, depuis sa retraite, dans de laborieuses études d'histoire ou de pédagogie. L'abbé Follioley aura été le dernier des proviseurs ecclésiastiques et il faut avouer que, si la race devait finir, elle ne pouvait souhaiter une meilleure fin.

Il avait débuté au collège de Saint-Claude sous le ministère Duruy. Il y arrivait dans des conditions particulièrement difficiles. A la suite d'aventures et de mésaventures qu'il serait pénible de rappeler, son prédécesseur avait disparu et le collège comptait en tout deux internes. En moins de deux ou trois ans, il en avait quatre-vingt-dix. Ce fut une révélation pour les ministres et pour le nouveau principal le commencement d'une carrière nouvelle. Il devint celui qui « remonte » les lycées tombés. Il disait plaisamment qu'on l'appelait *in extremis*, comme l'aumônier des dernières prières. En fait, il était plutôt le médecin heureux des cas désespérés. Jules Simon, après Duruy, utilisa ses services. On l'envoya à Laval, à Caen, et enfin à Nantes. Partout, en quelques années, il rendait aux établissements la prospérité qui semblait les avoir abandonnés pour toujours.

Quand il fut nommé à Nantes, vers 1890, le lycée n'avait plus qu'un souffle de vie. Les bâtiments tombaient en ruines et les élèves s'étaient dispersés un peu partout. En moins de trois ou quatre ans, l'abbé Follioley l'avait relevé, recréé, rajeuni, repeuplé. Il en fit à tous les points de vue un des plus beaux lycées de France et l'un des plus prospères. Et cette prospérité n'avait rien de factice, puisqu'elle a survécu à celui à qui on la doit.

J'ai entendu dire parfois que ces succès étaient dus,

pour la plus grande part, à la robe que portait le proviseur. Rien n'est moins exact, à mon sens, et cette robe le mettait plutôt à chaque instant dans une situation assez fausse. Il avait d'abord à amadouer, à convertir des municipalités républicaines, qui regardaient de travers « l'homme noir » et commençaient par mettre en doute la sincérité de son zèle universitaire. Quand il cessait de leur être suspect, il le devenait aux yeux du clergé local qui, voyant avec inquiétude ses établissements menacés, détestait en lui le rival heureux et, pour dire le mot, le déserteur. A Nantes surtout, il était si peu en odeur de sainteté que quelques vieux prêtres, au lieu de le saluer, faisaient le signe de croix sur son passage comme s'ils avaient rencontré l'antechrist. Il lui fallait donc des prodiges d'adresse, de tact et de diplomatie pour bien diriger sa barque à travers les flots des passions contraires que soulevait son habit. Mais il se jouait avec une incomparable maitrise de toutes ces difficultés, et ses éminentes qualités administratives finissaient par lasser et décourager ceux qui ne voulaient pas être convaincus. Il ne fallait pas converser longtemps avec lui pour avoir l'impression de se trouver en présence d'un esprit de tout premier ordre.

C'est parce qu'il avait ces éminentes qualités que l'abbé Follioley a si bien réussi, et non parce que ou quoique ecclésiastique. Il était, par essence, un éducateur, un conducteur d'âmes. Si l'habit ne fait pas le moine, il fait encore moins le proviseur, et les laïques aussi bien doués que l'abbé Follioley seront plus facilement encore assurés du même succès.

André Balz.

(*Revue Universitaire* du 15 novembre 1902.)

Discours prononcé le 29 juillet 1904, au lycée de Nantes, lors de l'inauguration du buste de l'abbé Follioley, par M. Chantavoine, professeur de première au lycée Henri IV (1).

Messieurs,

C'est un honneur pour moi d'être l'un des vôtres. J'en sais tout le prix, et je tiens à vous le dire, et je vous remercie de m'avoir associé à vous dans cette cérémonie. L'inauguration du buste commémoratif que vous entourez aujourd'hui eût mérité d'avoir un autre président. Vous savez pourquoi et comment cette présidence m'a été dévolue. Au nom des absents, dont je tiens si imparfaitement la place, au nom des présents, qui ont bien voulu m'avoir pour interprète et dont la confiance me revêt ainsi d'une autorité que je leur emprunte, j'apporte à un éminent universitaire d'autrefois l'hommage et le respect de l'Université d'aujourd'hui.

Ce n'est pas ici, Messieurs, dans cette ville de Nantes dont il a porté le grand lycée à un degré si haut de prospérité, qu'il peut paraître étrange à qui que ce soit de prononcer l'éloge de M. le proviseur Follioley. Les pierres elles-mêmes parleraient, si les hommes restaient ingrats et silencieux. L'ingratitude est toujours une lâcheté ; l'Université de France — et c'est une des raisons de notre attachement pour elle — n'oublie pas les services qu'on lui a rendus ; elle reconnaît, elle revendique pour ses serviteurs tous ceux qui se recommandent de son esprit dans une œuvre de l'éducation nationale, dont elle ne craint pas de partager la tâche avec ceux qui la comprennent comme elle l'entend. Généreuse et hospitalière, elle avait autrefois, elle a toujours pour principe et pour règle de ne pas refuser la collaboration fidèle, de ne pas redouter la concurrence loyale : elle s'estimerait moins et vous, Messieurs, qui me

(1) Publié dans le *Journal des Débats* du 31 juillet 1904.

faites l'honneur de m'écouter, vous ne la reconnaîtriez plus, si elle changeait de langage, de conduite et de sentiments.

M. l'abbé Follioley, sans cesser pour cela d'appartenir à l'Église, a été un éminent et un excellent universitaire. On m'a rapporté de lui ce mot charmant, que je n'émousserai pas par un commentaire : « La seule différence, disait-il, qu'il y ait entre mes professeurs et moi, c'est que je ne vais pas au vestiaire : ma soutane n'est qu'une robe que je ne quitte pas. » M. l'abbé Follioley avait beaucoup d'esprit, comme vous voyez, et il ne nuit jamais d'avoir de l'esprit, mais c'était la moindre de ses qualités. S'il a réussi dans tout ce qu'il a fait et partout où il a été, à Lesneven, à Laval et à Nantes, s'il a eu partout la réputation très légitime d'un pédagogue, je veux dire d'un conducteur d'esprits et d'un éducateur incomparable de la jeunesse, d'un administrateur de premier ordre ; si des ministres comme Jules Ferry et M. René Goblet ont rendu un hommage sincère à ses talents et à son œuvre ; si, à un moment donné, il a été en passe de choisir et d'hésiter entre l'inspection générale de notre enseignement secondaire et l'épiscopat, c'est assurément — et je pense n'étonner et ne blesser personne en parlant ainsi — parce que son mérite le désignait à toutes les récompenses, comme ses merveilleuses aptitudes le préparaient à toutes les situations.

L'Université l'avait adopté : elle le conserva. C'est à elle que, dans une longue carrière, entouré de l'estime publique, de la confiance des familles, de la sympathie du corps enseignant et de la filiale vénération de ses nombreux élèves, il a donné sans compter le meilleur de son intelligence et de son dévoûment. Tous ceux qui ont approuvé, qui ont vu à l'œuvre M. l'abbé Follioley ont gardé de lui la même impression, qui était ineffaçable, et porté sur lui le même témoignage. Je n'ai pas eu l'honneur de le connaître personnellement : nous avons seulement échangé quelques lettres à propos d'un sujet qui nous intéressait tous les deux ; mais nous avions des amis communs ; j'ai entendu parler de lui bien des fois par quelques-uns de mes collègues dont le suffrage est une garantie et dont l'estime est un honneur.

Mon camarade et collègue, M. Salles, ancien élève de l'Ecole normale supérieure, professeur au lycée Janson-de-Sailly, ne me désavouera pas si j'invoque ses souvenirs et si je m'en réfère à son jugement. Il vous dirait mieux que moi le bien accompli par M. l'abbé Follioley dans sa tâche d'administrateur et de quelle manière, haute, large et pourtant pratique, cet homme de grande intelligence et de grand cœur entendait et remplissait sa fonction.

Il l'aimait d'abord, et il n'y a rien d'essentiel en éducation comme d'aimer à faire ce que l'on fait. L'éducation, messieurs, vous le savez aussi bien que moi, et je ne vous fatiguerai pas de lieux communs, est une des formes de l'apostolat ou, si vous voulez, de la direction des âmes. Nous autres, universitaires, nous avons aussi, nous devons avoir notre vocation. La vocation du provisorat ou, pour en donner brièvement la définition, du gouvernement des lycées, était évidente chez M. l'abbé Follioley, et se révélait tout de suite, au premier abord, par les signes les plus marqués. Il aimait, il s'entendait et il s'ingéniait à gouverner. Il savait commander, ce qui est plus rare qu'on ne pense, et se faire obéir, ce qui l'est peut-être encore plus ; il ne suffit pas pour cela de donner des ordres, il y faut l'art plus subtil et plus délicat de prévenir les volontés, de gagner les cœurs, de faire venir ou de voir venir peu à peu le consentement. C'est quelquefois toute une diplomatie. Les impatients y échouent, parce qu'ils veulent aller trop vite et récolter sans avoir semé ; les impérieux, les autoritaires, les brise-tout n'y réussissent pas davantage, parce que la contrainte n'est pas un régime et que le caporalisme universitaire n'est jamais heureux ; ceux qui n'osent pas se servir de l'autorité finissent par en perdre l'usage, après la notion, et se désarment eux-mêmes. Seules, la droiture et l'adresse, qu'il n'est pas impossible de concilier, obtiennent de bons résultats, parce que la première est une règle et la seconde une tactique également nécessaire dans cet art de gouverner et de diriger qu'on appelle l'administration.

M. l'abbé Follioley — et ce fut, je crois, la raison de son succès, — les conciliait, les combinait l'une et l'autre, avec le tact le plus averti et l'expérience la plus éclairée. Il enlevait à la règle toute la froide rigidité qui en fait un joug, pour ne lui laisser que l'autorité qui en fait une loi. Il savait aplanir ou résoudre les difficultés ; il était habile, très habile, mais sans ruse, et obstiné, opiniâtre même, sans raideur. On ne pouvait pas, on ne voulait pas lui résister : on n'aurait pas su. C'est lui, au contraire, qui triomphait de toutes les résistances, de tous les obstacles, s'imposant à chacun par le prestige de la situation et du talent, se prêtant à tout sans oublier et sans élargir les distances, faisant autour de lui cet accord joyeux qui naît de la discipline consentie, bref, donnant un exemple à son entourage et une âme, qui était la sienne, à sa maison.

Vous ne l'ignorez pas, Messieurs ; je me plais cependant à vous le rappeler : la réputation régionale et, pour ainsi dire, diocésaine de M. le proviseur Follioley était répandue, populaire et inattaquable. Les hommes comme lui finissent toujours, même sans y tâcher, par désarmer toutes les malveillances, vaincre tous les partis pris et conquérir l'universelle sympathie ; elle les accompagne, les environne et les protège durant toute leur carrière ; elle les suit encore au-delà du tombeau et décore, comme une palme toujours fraîche, les monuments que leur élève la reconnaissance. Daignez le croire, messieurs, je n'ai pas la prétention, en venant ici, d'ajouter quelque chose, par des paroles dont je suis le premier à sentir toute l'insuffisance, aux sentiments de gratitude et d'affection que cette noble mémoire vous inspire. Vous avez dans le cœur et devant les yeux une image de M. le proviseur Follioley plus expressive et plus parlante que ce discours rapide. Je regrette, j'honore et je salue pieusement avec vous, au milieu de vous, l'homme que vous avez connu, que vous avez aimé, qui a créé entre vous un lien commun. Laissez-moi croire, à mon tour, que je vous ai parlé de lui comme chacun de vous en eût parlé à ma place et que, à défaut d'autre éloquence, devant le buste qui nous rassemble aujourd'hui et qui nous regarde fraterniser, le timbre seul de ma voix vous a prouvé, messieurs, l'accord et la consonance de nos âmes.

QUATRIÈME PARTIE

COMITÉ FOLLIOLEY

Un groupe d'anciens élèves et d'amis de l'abbé Follioley a pris, en 1903, l'initiative d'une souscription en vue d'honorer sa mémoire. Cette souscription a rencontré l'accueil le plus empressé auprès des anciens élèves, collaborateurs et amis du regretté proviseur. Elle a groupé 365 adhérents, qui ont souscrit près de 5.000 francs.

Le Comité a eu l'heureuse fortune de confier à un sculpteur du plus haut mérite, M. Corneille Theunissen, l'auteur du beau monument de la *Défense de Saint-Quentin,* la mission de reproduire les traits de l'abbé Follioley. Il s'est acquitté de sa tâche avec un rare bonheur et un souci d'art digne de tout éloge.

Le Comité lui a fait la commande, pour les lycées de Laval et de Nantes, de deux bustes, dont l'un, en bronze, a été exposé au Salon de cette année.

Deux médaillons en bronze ont été attribués au lycée de Caen et au collège de Lesneven ; un troisième sera encastré dans le monument funéraire de l'abbé Follioley au cimetière d'Arras.

L'inauguration du buste au lycée de Nantes a eu lieu le 29 juillet 1904, au milieu d'une nombreuse assistance, sous la présidence de M. Chantavoine, professeur de première au lycée Henri IV, délégué du ministre de l'Instruction publique. Des discours ont été prononcés par MM. Salles, président du Comité ; Gautté, président de l'Association des anciens élèves du lycée; Sarradin, maire de Nantes, et Chantavoine.

Le même jour, au collège de Lesneven, M. Kéromnès, professeur de troisième, a retracé la carrière si bien remplie de l'abbé Follioley, dont il avait été l'élève et le collaborateur. M. le docteur Odeyé, maire de Lesneven, en recevant le médaillon au nom de la ville, a prononcé une allocution très applaudie.

Les autres inaugurations seront faites prochainement à Caen, à Laval et à Arras.

Grâce à l'inlassable dévouement de M. Maillard, avocat à la Cour d'appel de Douai, qui a recherché et obtenu l'appoint nécessaire pour la dépense à effectuer, tous les souscripteurs sans exception ont reçu une réduction en bronze du médaillon reproduit en tête de cette notice.

COMITÉ D'INITIATIVE

Président :

MM. SALLES (AUGUSTE), professeur au lycée Janson-de-Sailly, ancien président de l'Association parisienne des anciens Elèves du lycée de Laval.

Vice-Présidents :

RAFFIN (Le colonel), ancien chef d'état-major du 10e corps d'armée.

SWARTE (DE), trésorier-payeur général du Nord.

EUDEL, homme de lettres, ancien président de l'Association parisienne des anciens Elèves du lycée de Nantes.

Secrétaire :

DOUX, commissaire-répartiteur de la ville de Paris.

Trésorier :

RENAULT, secrétaire-adjoint de la Société d'Encouragement pour l'amélioration du cheval français de demi-sang.

Membres :

MM. GLACHANT (Paul), professeur au lycée Condorcet (1).
HOUSSAY (Frédéric), maître de conférences de zoologie à la Sorbonne.
MERCIER, professeur au lycée Louis-le-Grand.
PINGRIÉ, avocat à la Cour d'appel.
VALLÉE, professeur au lycée Carnot.

(1) Paul Glachant n'aura pas vu le complet achèvement d'une œuvre à laquelle il avait apporté, dès la première heure, toute son activité et tout son cœur. Il est mort en septembre dernier en pleine force, à 39 ans. Les membres du Comité, qui savaient sa tendre affection pour l'abbé Follioley et qui, dans leurs nombreuses réunions, avaient apprécié la sûreté de son goût et la finesse de son esprit alerte et primesautier, uniront dans une même pensée d'amers regrets l'abbé Follioley et son jeune ami, prématurément enlevé à la tendresse des siens et à l'affection de ses camarades.

A. S.

COMITÉ DE PATRONAGE

MM.

AMAUDRUT, *proviseur du lycée de Laval.*

BLED (L'abbé), *ancien directeur et préfet d'études au collège Saint-Bertin.*

BOISSEL, *sénateur, maire de Laval, ancien président de l'Association des anciens Élèves du lycée de Laval.*

CAUMONT (DE), *proviseur du lycée de Nantes.*

DELANGRE, *président du Tribunal civil de Douai.*

DENIS (GUSTAVE), *sénateur, président du Conseil général de la Mayenne.*

DERAMECOURT (Mgr), *évêque de Soissons.*

DUBRON, *avocat à la Cour d'appel de Douai.*

FRANÇOIS, *censeur des études au lycée Henri IV.*

GALLOUÉDEC, *professeur au lycée Charlemagne, membre du Conseil supérieur de l'instruction publique.*

GAUTTÉ, *avocat, ancien bâtonnier, président de l'Association amicale des anciens Élèves du lycée de Nantes.*

GRÉARD, *membre de l'Académie française et de l'Académie des sciences morales et politiques, vice-recteur honoraire de l'Académie de Paris.*

MM.

LEBON, *officier de paix de la ville de Paris.*

LEJEAU, *entrepreneur de transports, ancien président de l'Association parisienne des anciens Élèves du lycée de Nantes.*

LIBER, *professeur au lycée de Douai.*

MACAUX, *négociant, adjoint au maire de Lillers.*

MAILLARD, *avocat à la Cour d'appel de Douai, bâtonnier de l'Ordre.*

MOREAU (Emile), *ancien président de l'Association des anciens Élèves du lycée de Laval.*

NICOLAS, *directeur honoraire du petit lycée Malherbe, à Caen.*

PELTIER, *professeur honoraire au lycée de Laval.*

PITAUD, *professeur honoraire au lycée de Caen.*

POUTHAS, *proviseur du lycée Malherbe, à Caen.*

RIBOT, *député du Pas-de-Calais, ancien président de la Commission parlementaire de l'enseignement secondaire.*

ROCH, *député de la Loire-Inférieure.*

SARRADIN, *maire de Nantes.*

SIBILLE, *député de la Loire-Inférieure.*

THÉRY, *directeur du petit lycée de Nantes.*

THULLIEZ (Louis), *conseiller à la Cour d'appel de Douai.*

TREILLE, *professeur honoraire au lycée de Nantes.*

LISTE DES SOUSCRIPTEURS

MM.

ABADIE-GASQUIN, ancien directeur des postes et télégraphes, Nantes.

ADAM, professeur au lycée Saint-Louis, Paris.

ALLAERT (Mme), Douai.

ALLAERT (Paul), avocat à la Cour d'appel, Douai.

ALLARD, préfet des Vosges, Epinal.

AMAUDRUT, proviseur du lycée, Laval.

ANDRÉ (Alphonse), brasseur, Douai.

ANGOT (Dr Edmond), 48, rue de Joinville, Laval.

ANSART, agent d'assurances, Lassay (Mayenne).

ASSOCIATION des anciens Elèves du lycée de Laval.

ASSOCIATION PARISIENNE des anciens Elèves du lycée de Laval.

ASSOCIATION AMICALE des anciens Elèves du lycée Malherbe, Caen.

AUBERT, adjoint au maire, Nantes.

BAHON, directeur du petit lycée, Laval.

BAHON (Max), ingénieur de la marine, Brest.

BAHON (Karl), maître de conférences de langue et littérature allemandes à la Faculté des lettres, Nancy.

MM.

BAILLY, proviseur du lycée, Le Hâvre.

BARBÉCONTY, capitaine au 15e régiment d'artillerie, Douai.

BAUDRILLART (Mme), 12, rue de Tournon, Paris.

BAUDRILLART (L'abbé), professeur d'histoire à l'Institut catholique de Paris, 25, rue Neuve, Versailles.

BEAUMONT (Mlle DE), Douai.

BEAUMONT (JULES DE), avoué, Montreuil (P.-de-C.).

BEILVERT, répétiteur au collège, Saint-Nazaire.

BELLIER-DUMAINE, censeur des études au lycée La Tour-d'Auvergne, Quimper.

BENOIT (ARTHUR), ancien président du Tribunal de commerce, conseiller général, Nantes.

BERCHE, représentant de la librairie Hachette.

BERNARD (RÉMY), 51, rue de Prony, Paris.

BESNARD (Mme), ancien professeur au lycée de Nantes, La Touchelais, Savenay.

BIGAULT-CASANOVE (DE), professeur au lycée, Nantes.

BLANC (Dr), Douai.

BLED (L'abbé), ancien directeur et préfet d'études au collège Saint-Bertin, Saint-Omer.

BLINEAU, professeur au lycée, Nantes.

BLONDEL, avocat général près la Cour d'appel, Paris.

BOISSEL, sénateur, maire de Laval, ancien président de l'Association des anciens Elèves du lycée de Laval.

BOISSONNET (Baron), avocat à la Cour d'appel, Douai.

BONNAMEN, étudiant en droit, 12, rue de Châteaulin, Nantes.

BOSQUET, président de chambre à la Cour d'appel, Douai.

MM.

BOUBÉE, industriel, conseiller municipal, Nantes.

BOUFFET, conseiller d'Etat, 2, rue de Sfax, Paris.

BOURGINE, professeur au lycée Condorcet, Paris.

BOUTET, avocat à la Cour d'appel, Douai.

BOUTRY (Mme), Arras.

BRELET, principal du collège, Lunéville.

BRIDOUX, lieutenant-colonel.

BRILLET, chef de district aux chemins de fer de l'Ouest, Segré.

BRIONE, commandant militaire du palais de l'Elysée, Paris.

BROCHARD, directeur d'école, place des Garennes, Nantes.

BROY (Mlle Amélie), 2, rue du Pont Saint-Vaast, Douai.

BROY, avocat à la Cour d'appel, Douai.

BUISINE (L'abbé), curé de Biache-St-Vaast (P.-de-C.).

CAILLARD, avocat, professeur de législation au lycée, Nantes.

CANTECOR, professeur de philosophie au lycée, Reims.

CARDOCK (J.), Dunkerque.

CARETTE, proviseur du lycée, Douai.

CARMIER (Mme), Douai.

CARON (L'abbé), préfet des études au collège de Marcq-en-Barœul (Nord).

CAUMONT (de), proviseur du lycée, Nantes.

CAVÉ, télégraphiste au bureau central, Lyon.

CÉLOS (Mme), propriétaire, Bernay.

CHAIGNEAU (Docteur), Montaigu (Vendée).

CHAMOIN (Le général), commandeur de la Légion d'honneur, 13, rue Gresset, Nantes.

MM.

CHAPLET (Abel), avocat, Laval.

CHAPLET (Frédéric), industriel, Laval.

CHAPSAL (Mme), 6, avenue de la Marck, Sedan.

CHAPSAL, élève à l'Ecole spéciale militaire de Saint-Cyr.

CHARIL DE RUILLÉ, La Marmitière, St-Barthélemy (Maine-et-Loire).

CHÉROT (L'abbé), rédacteur à la *Revue Bourdaloue*, 4, square du Croisic, Paris.

CHOLET (Gustave), avocat, secrétaire de l'Association des anciens Elèves du lycée de Nantes, 2, rue Jean-Jacques Rousseau, Nantes.

CINQUALBRE, adjoint au maire, Nantes.

CLERVAUX DE FONTVILLIERS (Mme de), Mont-Goguet, Nantes.

CLERVOY (Docteur), 7, rue Rouget-de-l'Isle, Paris.

COLIN (L'abbé), professeur au collège, Lesneven.

COMBARIEU (Abel), secrétaire général civil de la Présidence de la République, au palais de l'Elysée.

COUÉ, professeur d'anglais au collège, Lesneven.

CORBIN (Maxime), industriel, route Nationale, Noisy-le-Sec (Seine).

CORDONNIER (Mme), 38, rue de Marignan, Boulogne-sur-Mer (Pas-de-Calais).

CORNILLE, industriel, Villedieu-les-poëles (Manche).

COSSART (Paul), notaire, Saint-Omer (Pas-de-Calais).

COUILLABIN, employé des postes, Alençon.

COURCOUT (Mme veuve), Douai.

COZANET (Claude), négociant en vins, Lesneven.

DAIX-MOULART (Mme), Douai.

DAIX (Mlles), Douai.

MM.

DAIX (P.), élève ingénieur des mines, Douai.

DAMOTTE, percepteur, Challans (Vendée).

DAVID, photographe, 90, rue de Courcelles, Levallois-Perret.

DAVID-SAUVAGEOT (Mme veuve), 12, rue de Tournon, Paris.

DEFOND (DANIEL), percepteur, Saint-André (Eure).

DEFOND (A.), percepteur, Villemeux (Eure-et-Loir).

DELAJUS, avoué près la Cour d'appel, Douai.

DELANGRE, président du Tribunal civil, Douai.

DELANGRE (P.), avocat à la Cour d'appel, Douai.

DELANGRE (J.), étudiant en droit, Douai.

DEMORÉ, professeur au lycée, Laval.

DENIS, sénateur, président du Conseil général de la Mayenne, Fontaine-Daniel.

DE PRAT, avocat à la Cour d'appel, Douai.

DERAMECOURT (Mgr), évêque de Soissons.

DEROUBAIX (Mme), 15, rue d'Anjou, Lille.

DESCHODT, avocat à la Cour d'appel, Douai.

DESMARETS, conservateur des hypothèques, Douai.

DESTICKER (Mme), Douai.

DEVILLE, avocat à la Cour d'appel, Douai.

DEVRED, architecte, Douai.

DIEU (L'abbé), supérieur de l'institution de Marcq-en-Barœul (Nord).

DIEUX, professeur au lycée, Nantes.

DIMEY (L'abbé), ancien curé de Longeau (Haute-Marne).

DORGE, notaire, Aubigny-en-Artois (Pas-de-Calais).

MM.

DOUX, secrétaire de l'Association parisienne des anciens Elèves du lycée de Laval, 26, rue Croix-Nivert, Paris, *secrétaire du Comité.*

DOUXAMI, maître de conférences de géologie à la Faculté des sciences, Lille.

DREYFUS (René), avocat, 81, rue de Monceau, Paris.

DUBRON, avocat à la Cour d'appel, ancien bâtonnier de l'Ordre, Douai.

DUBRULLE, professeur au lycée, Douai.

DUBUS (L'abbé), doyen de Notre-Dame, Douai.

DUHEM, artiste peintre, Douai.

DUHIL, avocat à la Cour d'appel, Paris.

DUPONT, doyen de la Faculté des lettres, Lille.

DUPONT, secrétaire général de la mairie, Nantes.

DURAND-GASSELIN (Hippolyte), industriel, 19, passage Saint-Yves, Nantes.

ERNOU, chef de section à la Cie de l'Ouest, Evreux.

ETIENNE (Jean-Baptiste), propriétaire, 2, rue Linnée, Nantes.

EUDEL (Paul), homme de lettres, 4, rue Gustave Flaubert, Paris, *vice-président du Comité.*

EVRARD (Mme), Douai.

FAIVRE-DUPAIGRE, inspecteur de l'académie de Paris.

FAREZ (Mlle), Douai.

FARINEAU (Francis), professeur au lycée, Nantes.

FARINEAU (Jules), professeur au lycée, Nantes.

FAVIER (Alex.), Douai.

FAVRO, surveillant général au lycée, Nantes.

FERNET, inspecteur général honoraire de l'Instruction publique, 23, avenue de l'Observatoire, Paris.

MM.

FERRUS, 66, rue des Mathurins, Paris.

FEUGEY, professeur de mathématiques spéciales au lycée, Marseille.

FORTINEAU (pour ses trois fils Louis, Gabriel et Charles), docteur, 67, rue de Rennes, Nantes.

FOUBERT, inspecteur primaire, Bolbec.

FOUCART, avocat à la Cour d'appel, Douai.

FOUCAULT, receveur de l'enregistrement, Gorron. (Mayenne).

FOUCAULT, sous-directeur au Comptoir commercial, Laval.

FOUCHER (Marcel), receveur de l'enregistrement, Tinchebray (Orne).

FOULON (Mlle), Divion (Pas-de-Calais).

FOULON, industriel, République Argentine.

FOURTOU (de), Le Nouvion-en-Thiérache (Aisne).

FRANÇOIS, censeur des études au lycée Henri IV.

FRANÇOIS, professeur de première au lycée, Chartres.

FRÉMONT, professeur au lycée, Nantes.

FREULON, propriétaire, Andouillé (Mayenne).

FUMEY, professeur honoraire au lycée, Nantes.

GABORIT, ancien adjoint au maire, Nantes.

GAHÉRY, professeur honoraire de l'Université, Lisieux (décédé).

GAILLARD, banquier, Nantes.

GALLOUÉDEC, professeur au lycée Charlemagne, membre du Conseil supérieur de l'instruction publique, Paris.

GARNIER (Marcel), juge de paix, Gorron (Mayenne).

GARNIER (Docteur), Moulins-la-Marche (Orne).

MM.

GASPARD, professeur honoraire au lycée Louis-le Grand, Nevers (décédé).

GAUTIER, professeur au lycée Louis-le-Grand, Paris.

GAUTTÉ, avocat, ancien bâtonnier, président de l'Association amicale des anciens Élèves du lycée de Nantes, Nantes.

GAUTTÉ (RENÉ), associé d'agent de change, Nantes.

GLACHANT (PAUL), professeur au lycée Condorcet, *membre du Comité* (décédé).

GLACHANT (VICTOR), professeur au lycée Louis-le-Grand, 99, rue d'Assas, Paris.

GLOANEC (L'abbé), principal du collège, Lesneven.

GOBILLOT-LAVIGNE.

GODEFROY, avoué près le Tribunal civil, Douai.

GODIN (Mme), Douai.

GOULLIN (GUSTAVE), ancien adjoint au maire, vice-président de l'Association des anciens Élèves du lycée, Nantes.

GRACY (Mme), Douai.

GRACY (ALFRED), ancien magistrat, Douai.

GRANDSARD, économe du lycée Michelet, Vanves.

GRAUX, avoué, Paimbœuf (Loire-Inférieure).

GRÉARD, membre de l'Académie française et de l'Académie des sciences morales et politiques, vice-recteur honoraire de l'Académie de Paris (décédé).

GRÉMION, commis à l'octroi, 96, avenue de Clichy, Paris.

GRUGET, négociant, 2, rue du Général Meusnier, Nantes.

GUIGNARD, ingénieur des ponts et chaussées, Digne.

GUILLEMANT (L'abbé), supérieur du petit séminaire, Arras.

MM.

GUILLET, secrétaire-rédacteur de la Chambre des députés, 4, rue Say, Paris.

GUILLOU, professeur au lycée, Nantes.

GUTZWILLER, professeur au lycée, Nantes.

HARDY, pharmacien, 13, rue des Minimes, Le Mans.

HARIVEL, professeur honoraire au lycée de Nantes, à Bernerie-en-Retz (Loire-Inférieure).

HARMEGNIES, industriel, Douai.

HÉRIN, à Couëron (Loire-Inférieure).

HOMERY (Mlle), professeur au lycée, Nantes.

HOUSSAY (FRÉDÉRIC), maître de conférences de zoologie à la Sorbonne, 18, rue du Lycée, Sceaux, *membre du Comité*.

HOUSSAY (FRANÇOIS), négociant, Fougères.

HUARD (L'abbé), doyen de Saint-Jacques, Douai.

HUNTZIGER, professeur d'allemand au collège de Lesneven (Finistère).

JACQUES, ancien directeur de la succursale de la Banque de France de Douai, 2, rue d'Auteuil, Paris.

JANNIN, ingénieur civil, 102, rue de Paris, Nantes.

JANVIER, conseiller général, maire de Bais (Mayenne).

JOCHEM, colonel commandant le 127e régiment d'infanterie, Valenciennes

JOLEAUD (L'abbé), doyen-archiprêtre de Saint-Pierre, Douai.

JORAN, rédacteur en chef de la *Revue Idéaliste*, directeur de l'École d'Assas, 34, rue du Cherche-Midi, Paris.

JUBIER, professeur au lycée, Nantes.

JUNEAUX, censeur des études au lycée, Lille.

MM.

KEROMNÈS, professeur au collège, Lesneven.

KREMP (Mlle), Douai.

LABOURÉ (Mgr), cardinal-archevêque de Rennes.

LACROIX (Mgr), évêque de Tarentaise, à Moutiers (Savoie).

LAFOND, répétiteur général au lycée, Nantes.

LAGARDE, instituteur honoraire, Mayenne.

LAIR DE LA MOTTE, conseiller d'arrondissement, 24, rue du Lycée, Laval.

LANIO, conseiller à la Cour d'appel, Nancy.

LAREUX, professeur au lycée, Nantes.

LATHUILLERIE (Eugène), négociant, 20, rue Pierre Lescot, Paris.

LATHUILLERIE (Gustave), employé au ministère des finances, 255, rue Saint-Martin, Paris.

LAVENNE DE LA MONTOISE, sous-lieutenant au 65e régiment d'infanterie, Nantes.

LAVOIX (Jean), avocat à la Cour d'appel, Douai.

LEAU, professeur de mathématiques au lycée Michelet, 6, rue Vavin, Paris.

LE BALLE, inspecteur d'académie de la Mayenne, Laval.

LE BANSAIS, professeur de philosophie au lycée Saint-Louis, 13, avenue Alphand, Saint-Mandé.

LEBON, officier de paix, 2, quai du Marché-Neuf, Paris.

LE BRETON, professeur au lycée, Nantes.

LECHAT (Mme), place de l'Edit de Nantes, Nantes.

LEFEBVRE (Mme), Douai.

LEFÈVRE-UTILE, industriel, 32, rue de Strasbourg, Nantes.

LEFIÈVRE, ancien président du Tribunal de commerce, 11, rue Lafayette, Nantes.

MM.

LEFRANÇOIS, conseiller à la Cour d'appel, Douai.

LEGIER-DESGRANGES, receveur de l'enregistrement, Vilaines-la-Juhel (Mayenne).

LEGOUPILS (MARC), professeur en congé, président du Conseil général de la Nouvelle-Calédonie, à Nassirah par Bouloupari.

LEGRAND (CHARLES), directeur de la Cie Maggi, 59, rue Legendre, Paris.

LEJEAU, entrepreneur de transports, ancien président de l'Association parisienne des anciens Elèves du lycée de Nantes, 20, rue de Cambrai, Paris.

LEJEUNE, économe du lycée, Nantes.

LELIÈVRE (PROSPER), président de l'Association des anciens Elèves du lycée, Laval.

LEMAIRE, président de chambre honoraire à la Cour d'appel, Douai.

LE MERCIER DE LA CLÉMENCIÈRE, inspecteur de l'enregistrement, Nantes.

LE MESNAGER, propriétaire, 13, avenue de Villars, Paris.

LEMOINE, adjoint au maire, Nantes.

LEMOISSON, professeur au collège, Nogent-le-Rotrou.

LEMONNIER, notaire, St-Valery-en-Caux (Seine-Infre)

LE MOYNE, capitaine au 5e régt d'infanterie, Falaise.

LENAIN, ingénieur des télégraphes, Lille.

LENNET-DEBAY, conseiller municipal, Nantes.

LENOBLE (M. & Mme & leurs fils), 3, avenue d'Antoigné, Châtellerault.

LEROI, chef de section à la compagnie de l'Ouest, 10, boulevard Arago, Angers.

LESEUNE (L'abbé), curé de Saint-Omer (Haut-Pont).

MM.

LETESSIER, rédacteur au ministère de la guerre, 11, rue Sauffroy, Paris.

LEVESQUE (Félix), 19, rue Sauffroy, Paris.

LIBER, professeur au lycée, Douai.

LINTIER (Louis), négociant, Mayenne.

LONLAY (de), lieut. au 116e rég^{t} d'infanterie, Vannes.

LOUIS, professeur honoraire au lycée, bibliothécaire de la ville, La Roche-sur-Yon.

LOYSEL, professeur au lycée, Douai.

MACAUX, négociant, adjoint au maire, Lillers.

MAHISTRE, professeur au lycée, Nantes.

MAILLARD (Mme Georges), 2, rue du Parc, Douai.

MAILLARD (Mlle J.), Douai.

MAILLARD, avocat à la Cour d'appel, bâtonnier de l'Ordre, Douai.

MANGIN (Mlle), directrice du collège de jeunes filles, Sedan.

MANINAT, capitaine au 27e rég^{t} d'artillerie, Douai.

MANOIR (du), propriétaire, 17, rue Singer, Caen.

MARION, négociant, 3, rue de l'Écluse, Nantes.

MARSOLLIER, conseiller municipal, Nantes.

MARTIN, conseiller général, maire d'Ambrières, (Mayenne).

MARTIN, tanneur, Sainte-Suzanne (Mayenne).

MATHIEU (Ch.), Douai.

MAUBLANC, avocat, directeur de l'école de Droit, Nantes.

MERCIER, professeur au lycée Louis-le-Grand, Paris, *membre du Comité*.

MERCIER (G.), lieutenant au 28e régiment d'infanterie, caserne de la Pépinière, Paris.

MM.

MERLANT, adjoint au maire, Nantes.

MEYSENC, percepteur, Longny (Orne).

MIROUX, soldat au 104e de ligne, Argentan.

MIROUX, étudiant à la Faculté des Lettres, 3, rue Primatice, Paris.

MITARD, ancien élève du lycée de Nantes.

MOITIÉ, conseiller municipal, Nantes.

MONTAILLER, professeur au lycée Corneille, Rouen.

MOREAU (ÉMILE), ancien président de l'Association des anciens Elèves du lycée de Laval.

MOREAU (CLÉMENT), nég^{t} en grains, Gorron (Mayenne).

MORELLE, commandant au 25e régiment d'artillerie, Douai.

MORET (Mlle), directrice de l'Ecole normale primaire, Nantes.

MOTIN, assureur maritime, 13, rue d'Alger, Nantes.

NICOLAS, directeur honoraire du petit lycée Malherbe, 16, rue Isidore Pierre, Caen.

NOIZET (ED.), professeur au collège, Morlaix.

NOUCHET (L'abbé), aumônier du lycée, Nantes.

OGER (EDOUARD), attaché à la Société d'encouragement pour l'amélioration du cheval français de demi-sang, 3, rue Hégésippe Moreau, Paris.

ONFROY, 37, rue de Fougères, Rennes.

OUTREY (MAX), chef de bureau au ministère des colonies, 14, rue Mayet, Paris.

PAGEAUT-LAVERGNE, négociant, 54 bis, rue de Clichy, Paris.

PAGNIEZ, avoué près le Tribunal civil, Douai.

PARIS, adjoint au maire, Nantes.

MM.

PANET (Amable), agriculteur, Fontaine-les-Boulans (Pas-de-Calais).

PATRON, professeur au lycée, Nantes.

PATRON, étudiant en médecine, Nantes.

PÉAN, pharmacien, 21, rue Mouton-Duvernet, Paris.

PELTIER, professeur honoraire au lycée, rue Haute-des-Tuyaux, Laval.

PERROT, notaire, Mayenne.

PENJON, professeur de philosophie à la Faculté des lettres de Lille, 10, rue du Bloc, Douai.

PIÉCHOWSKI, 137, rue Mozart, Paris.

PIED, économe honoraire du lycée, 14, passage Leroy, Nantes.

PINGRIÉ, avocat à la Cour d'appel, 6, rue Mayran, Paris, *membre du Comité.*

PITAUD, professeur honoraire au lycée Malherbe, à Saint-Genis-Laval (Rhône).

PLESSIS, professeur de mathématiques au collège de Lesneven (Finistère).

POMMIER, conservateur du musée, Nantes.

PONCELET (Ach.), Douai.

POTEL, professeur au lycée Voltaire, Paris.

POUELL (Mlle), Douai.

POULAIN, adjoint au maire, Nantes.

POUSSIN, représentant de commerce, 34, rue Faidherbe, Paris.

POUTHAS, proviseur du lycée Malherbe, Caen.

PREUX (Mme), Douai.

PRUDHAM (L'abbé), ancien directeur du collège Stanislas, 8, rue Stanislas, Paris.

MM.

RABIER, directeur de l'enseignement secondaire au ministère de l'instruction publique, 27, rue de Fleurus, Paris.

RAFFIN (Colonel), ancien chef d'état-major du 10e corps d'armée, château de Genas, près Cléon d'Andran (Drôme), *vice-président du Comité.*

RAGAINE (Général), pour ses fils Pierre, Paul et Jean, Iteuil (Vienne).

RAMBURE (L'abbé), pro-recteur des Facultés catholiques, 60, boulevard Vauban, Lille.

REGEREAU (Théophile), avoué, 2, rue Franklin, Nantes.

REGNAULT (Mlle), 28, rue Carnot, Fontainebleau.

REGNAULT (Maurice), notaire, Douai.

REGNAULT-MERLIN (Mme), Douai.

RENARD, ancien notaire, Gorron (Mayenne).

RENAULT, président de l'Association parisienne des anciens Elèves du lycée de Laval, 7, rue d'Astorg, Paris, *trésorier du Comité.*

RIBEREAU, juge au tribunal, La Roche-sur-Yon.

RIBIER (de), professeur au lycée Janson-de-Sailly, Paris.

RIGOT (Docteur), 6, boul. du Midi, Le Raincy (S.-et-O.).

RIBOT, député du Pas-de-Calais, ancien président de la Commission parlementaire de l'enseignement secondaire.

RINN (Charles), professeur au lycée Condorcet, 59, rue Rodier, Paris.

RIOM (Charles), ancien maire, avenue Launay, Nantes.

RIOM (fils), avenue Launay, Nantes.

RIVIÈRE, bibliothécaire de la ville, Douai.

ROBERT (M.), 4, rue Saint-Maur, Rouen.

MM.

ROCH, député de la Loire-Inférieure.

ROLLIN, professeur au lycée, Douai.

ROUGER, chef d'escadron d'artillerie, état-major du 12e corps, Limoges.

ROUSSEAU, juge au tribunal, 36, boulevard Négrier, Le Mans.

ROUSSEAU, 44, rue de la Grenouillère, Chantenay.

ROUSSEL (L'abbé), aumônier du lycée, Laval.

RUCHÉ, capitaine à l'état-major du génie, Verdun.

SAINT-QUENTIN (Mme DE), Douai.

SAINT-QUENTIN (Vte DE), Douai.

SALLES (A.), professeur au lycée Janson-de-Sailly, 34, rue Saint-Didier, Paris, *président du Comité.*

SARRADIN, maire de Nantes.

SAUGNIER (Mme et son fils), propriétaires, Le Nouvion-en-Thiérache (Aisne).

SAVARY (EUGÈNE), sous-inspecteur à la Compagnie de l'Ouest, Dol (Ille-et-Vilaine).

SCHLESSER, professeur de mathématiques élémentaires au lycée Hoche, Versailles.

SIBILLE, député de la Loire-Inférieure.

SINOIR, professeur de première au lycée, Laval.

SOCIÉTÉ AMICALE des anciens élèves du lycée, Nantes.

SOCIÉTÉ D'AGRICULTURE, SCIENCES ET ARTS, Douai.

SOCKEEL (Mme Vve RENÉ), 15, rue d'Esquerchin, Douai.

SOCKEEL (Docteur E.), Douai.

SPINNLER, professeur de mathématiques élémentaires supérieures au lycée Saint-Louis, Paris.

MM.

SURER (ADRIEN), commandant au 28e régiment d'infanterie, Paris.

SURER (Docteur FRANCISQUE), 17, rue Richer, Paris.

SURER (EDMOND), professeur de seconde au lycée, Montpellier.

SWARTE (DE), trésorier-payeur général du Nord, *vice-président du Comité.*

TAPIÉ (L'abbé), professeur au collège, Lesneven.

TERRIEN, instituteur, Couëron (Loire-Inférieure).

THÉRY, directeur du petit lycée, Nantes.

THOREZ, ingénieur des mines, Douai.

THULLIEZ (LOUIS), conseiller à la Cour d'appel, 9, boulevard Delebecque, Douai.

TRÉCA (HENRI), Douai.

TRÉCA (VICTOR), Douai.

TRÉHET, inspecteur primaire, Fougères.

TREILLE, professeur honoraire au lycée, Nantes.

TOUCHARD, notaire, Laval.

TUAL, répétiteur général au lycée, Nantes.

UNION DES FEMMES DE FRANCE, comité de Douai.

VALLÉE, professeur au lycée Carnot, Paris, *membre du Comité.*

VAN ISEGHEM (Mme), 7, rue du Calvaire, Nantes.

VANNIER, conducteur des ponts et chaussées, Pré-en-Pail (Mayenne).

VASSELIN, proviseur du lycée, Angers.

VASSEUR (L'abbé), chanoine à Saint-Omer.

VÉDIER, professeur au lycée, Laval.

VERLEY-WIBAUT, Douai.

MM.

VIBERT, conseiller à la Cour d'appel, Douai.

VIEL (Charles), capitaine au 74e régiment d'infanterie, Rouen.

VINCENT (Alphonse), 2, rue Guichard, Paris.

WEBER, professeur au lycée, Nantes.

WURTZ, capitaine au 27e régiment d'artillerie, Douai.

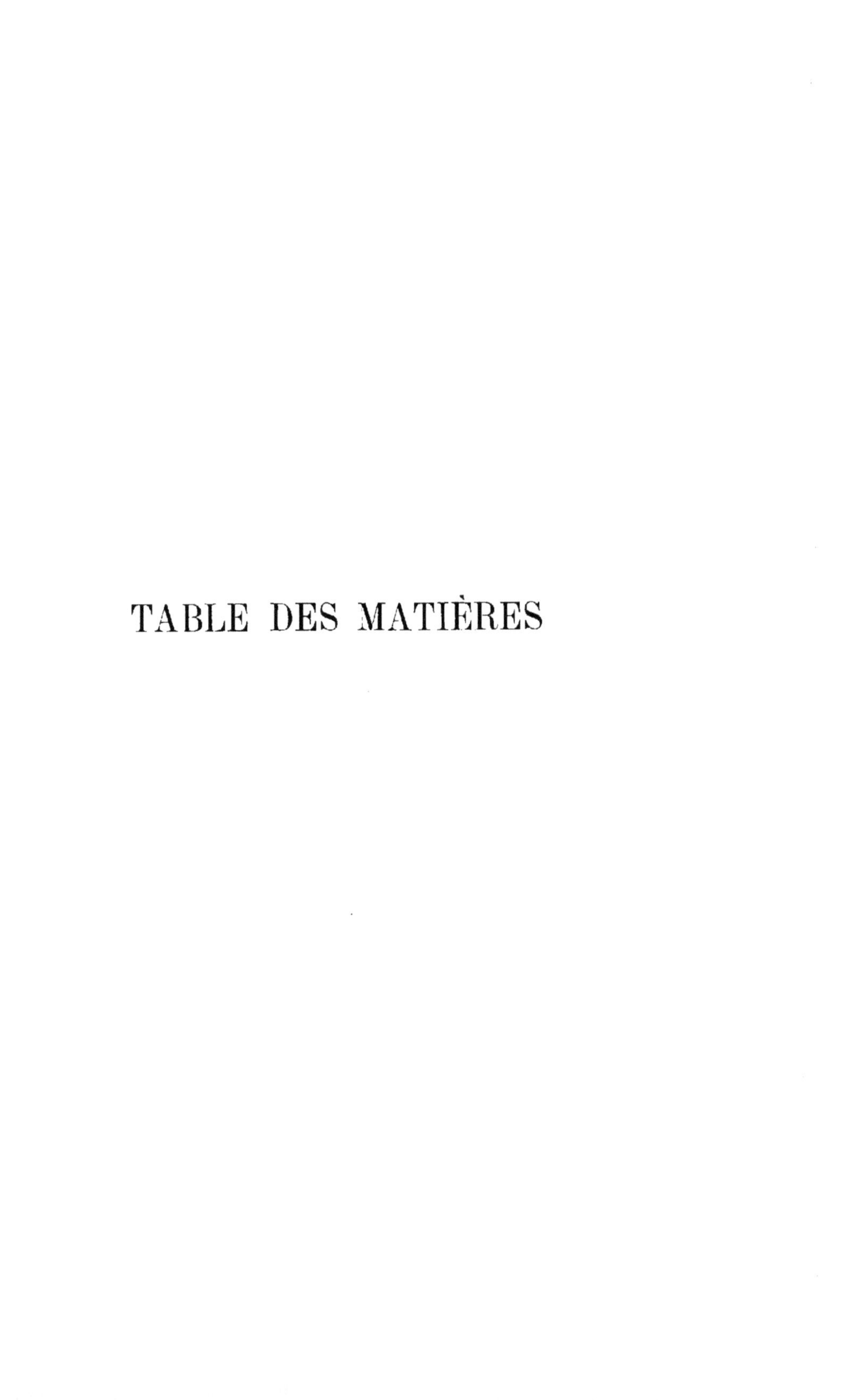

TABLE DES MATIÈRES

TABLE DES MATIÈRES

Quatrième partie.

IMPRIMÉ

PAR

LÉON CLOUZOT

23, Rue des Fossés, 23

NIORT

www.ingramcontent.com/pod-product-compliance
Ingram Content Group UK Ltd.
Pitfield, Milton Keynes, MK11 3LW, UK
UKHW021132260726
13994UKWH00001B/110

9 782329 331324